全民阅读阶梯文库

总主编　顾之川

传统文化卷 **13** 岁

酸梅汤和糖葫芦

本册编者　吴庆芳　丁连忠

领读者

金波　高洪波　聂震宁

扫一扫，尽享本书
配套音频，感受听书乐趣！

上海交通大学出版社
SHANGHAI JIAO TONG UNIVERSITY PRESS

内容提要

"全民阅读·阶梯文库"丛书借鉴国外分级阅读理念,根据0～18岁不同年龄段读者的心智特点与认知水平编写,标识明确的年龄段,由易到难,循序渐进。按照体裁或内容划分单元,涵盖诗词曲赋、文史哲经、科普科幻等方向。

本书分为六个部分,包括文化、民俗、文言小说、诗、词、文言散文。选文题材广泛,语言流畅优美,兼具知识性和趣味性。每篇设有"阅读点拨",每个单元后附有"我思我行",有利于读者加深阅读理解,拓展实践能力,提升阅读水平。

图书在版编目(CIP)数据

阶梯阅读.传统文化卷.13岁:酸梅汤和糖葫芦/吴庆芳,丁连忠编. —上海:
上海交通大学出版社,2018
ISBN 978 - 7 - 313 - 18715 - 4

Ⅰ.①阶…　Ⅱ.①吴…②丁…　Ⅲ.①阅读课-初中-教学参考资料
Ⅳ.①G634.333

中国版本图书馆CIP数据核字(2017)第329382号

阶梯阅读传统文化卷13岁·酸梅汤和糖葫芦

编　　者:吴庆芳　丁连忠				
出版发行:上海交通大学出版社	地　　址:上海市番禺路951号			
邮政编码:200030	电　　话:021 - 64071208			
出 版 人:谈　毅				
印　　制:常熟市大宏印刷有限公司	经　　销:全国新华书店			
开　　本:880mm×1230mm　1/32	印　　张:5.25			
字　　数:98千字				
版　　次:2018年1月第1版	印　　次:2018年1月第1次印刷			
书　　号:ISBN 978 - 7 - 313 - 18715 - 4/G				
定　　价:28.00元				

全民阅读·阶梯文库

总主编

顾之川

领读者

聂震宁　高洪波　金　波　韩　松

编委会

分册编者

马歆乐	陈敏倩	刘素芳	王　芳
袁　惠	张小娟	喻祖亮	沈　俊
张红梅	雷光梅	易灿华	丁连忠
孙文莲	李传方	孟　娜	郑祚军
阎义长	李　铭	苑子轩	盛　宏
祝世峰	朱俊峰	杜德林	宋亚科
杨　韧	张　锐	程玉玲	盛江伟
田丽维	李占良	尹　琦	何　萍
姜　丹	杨晓霞	许红兵	季龙刚
刘英传	高　虹	杨晓明	张宏强
范文涛	苗　锋	信旭东	孙　玉
宋　宇	刘卫民	杨　琼	

（以上排名不分先后）

目 录

第一单元
文化集萃

中华文化源远流长，历久弥新。中华文化影响着中国人的价值观念，影响着中国的发展道路，也影响着世界文化的发展。那古老的歌谣，让我们唤醒民族记忆；那巍峨的长城，让我们思考文化的意义；那行走于瓷板之上的中国书画，给人沉着超逸的视觉美感。让我们漫步灿烂的文化丛林，欣赏多彩的文化元素。

阅读本单元，加强对文本的阅读，把握文章的主要内容，体会多种表达方式的综合运用；增强传承和发展中华文化的意识，做中华文化的弘扬者。

诗的源头是歌谣（节选）

朱自清

诗的源头是歌谣。上古时候，没有文字，只有唱的歌谣，没有写的诗。一个人高兴的时候或悲哀的时候，常愿意将自己的心情诉说出来，给别人或自己听。日常的言语不够劲儿，便用歌唱；一唱三叹的叫别人回肠荡气。唱叹再不够的话，便手也舞起来了，脚也蹈起来了，反正要将劲儿使到了家。碰到节日，大家聚在一起酬神作乐，唱歌的机会更多。或一唱众和，或彼此竞胜。传说葛天氏的乐八章，三个人唱，拿着牛尾，踏着脚，似乎就是描写这种光景的。歌谣越唱越多，虽没有书，却存在人的记忆里。有了现成的歌儿，就可借他人酒杯，浇自己块垒；随时拣一支合适的唱唱，也足可消愁解闷。若没有完全合适的，尽可删一些改一些，到称意为止。流行的歌谣中往往不同的词句并行不悖，就是为此。可也有经过众人修饰，成为定本的。歌谣真可说是"一人的机锋，多人的智慧"了。

歌谣可分为徒歌和乐歌。徒歌是随口唱，乐歌是随着乐器唱。徒歌也有节奏，手舞脚蹈便是帮助节奏的；可是乐歌的节奏更规律化些。乐器在中国似乎早就有了，《礼记》里说的土鼓土槌儿、芦管儿,也许是我们乐器的老祖宗。到了《诗经》时代,有了琴瑟钟鼓,已是洋洋大观了。歌谣的节奏最主要的靠重叠或叫复沓(tà);本来歌谣以表情为主,只要翻来覆去将情表到了家就成,用不着费话。重叠可以说原是歌谣的生命,节奏也便建立在这上头。字数的均齐,韵脚的调协,似乎是后来发展出来的。有了这些,重叠才在诗歌里失去主要的地位。

　　有了文字以后,才有人将那些歌谣记录下来,便是最初的写的诗了。但记录的人似乎并不是因为欣赏的缘故,更不是因为研究的缘故。他们大概是些乐工,乐工的职务是奏乐和唱歌;唱歌得有词儿,一面是口头传授,一面也就有了唱本儿。歌谣便是这么写下来的。我们知道春秋时的乐工就和后世阔人家的戏班子一样,老板叫作太师。那时各国都养着一班乐工,各国使臣来往,宴会时都得奏乐唱歌。太师们不但得搜集本国乐歌,还得搜集别国乐歌。不但搜集乐词,还得搜集乐谱。那时的社会有贵族与平民两级。太师们是伺候贵族的,所搜集的歌儿自然得合贵族们的口味;平民的作品是不会入选的。他们搜得的歌谣,有些是乐歌,有些是徒歌。徒歌得合乐才好用。合乐的时候,往往得增加重叠的字句或章节,便不能保存歌词的原来样子。除了这种搜集的歌谣以外,太师们所保存的还有贵族们为了特种事情,如祭祖、宴客、房屋落成、出兵、打猎等等作的诗。这些可以说是典礼的诗。又有讽谏、颂美等等的献诗;献诗是臣下作了献给君上,准备让乐工唱给君上听的,可以说是政治的诗。太师们保存下这些唱本儿,带着乐谱;唱词儿共有三百多篇,当时通称作"诗三百"。到了战国时代,贵族渐渐衰落,平民渐渐抬头,新乐代替了古乐,职业的乐工纷纷散走。乐谱就此亡失,但是还有三百来篇唱词儿流传下来,便是后来的《诗经》了。

(选自《经典常谈》,译林出版社 2015 年版,题目为编者所加)

阅读点拨

　　这是朱自清先生对诗进行研究后所写的美文,全文清晰地介绍了诗的源头是歌谣。 文章首先详细地介绍了歌谣的产生过程,指出歌谣集聚了众人的智慧;接着写歌谣的分类,即徒歌和乐歌,介绍了节奏、乐器等内容;最后写"有了文字以后,才有人将那些歌谣记录下来,便是最初的写的诗了",介绍了有三百来篇唱词流传下来,即为后来的《诗经》。 文章层次分明,深入浅出。

跑龙套（节选）

沈从文

地方古典戏的编导者，都懂得这一点。比较起来，京戏倒并不是保守，而略有冒进。至于京戏打乱了旧规矩，特别重视名角制，可能受两种影响：前一段和晚清宫廷贵族爱好要求相关，次一段和辛亥以来姚茫父、罗瘿（yǐng）公诸名流为编改脚本有关。这么一来，对诸名艺员而言，为主角突出，可得到充分发挥长处的机会。但是对全个京戏而言，就显然失去了整体调协作用。和地方戏比较，人才锻炼培养也大不相同：地方戏安排角色，从不抹杀一切演员的长处，演员各得其所，新陈代谢之际，生旦净丑不愁接班无人。京戏安排角色，只成就三五名人，其他比较忽略，名人一经凋谢，不免全班解体，难以为继。京戏有危机在此，需要正视。二十年谈京戏改良，我还听到一个京戏正宗大专家齐如山先生说过：京戏有京戏老规矩，不能随便更动（曾举例许多）。我们说京戏并不老，唱法服装都不老，他不承认。事实上随同戏台条件不同，什么都在变。出将入相的二门，当时认为绝对不能取消的，过不多久一般都不能不取消，只有傀儡戏不变动。检场的今昔也大不相同，二十年前我们还可见到梅兰芳先生演戏，半当中转过面去还有人奉茶。池子里茶房彼此从空中飞掷滚热手巾，从外州县初来的人，一面觉得惊奇，一面不免老担心会落到自己头上。有好些戏园子当时还男女分座，说是免得"有伤风化"。改动旧规矩最多的或者还数梅程二名演员，因为戏本就多是新编的，照老一辈说来，也是"不古不今"。证明京戏改进并非不可能，因为环境条件通通在变。京戏在改进工作中曾经起过带头作用，也发生过麻烦。目前问题就还待有心人从深一层注注意，向真正的古典戏取法，地方戏取法，肯虚心客观有极大好处。例如把凡是上台出场的角色，都给以活动表演的机会，不要再照近五十年办法，不是傻站就是翻筋斗，京戏将面目一新。即以梅先生著名的《贵妃醉酒》一戏为例，几个宫女健康活泼，年轻貌美（我指的是在长沙演出，江苏省京剧团配演的几位），听她们如傻丫头一个个站在台上许久，作为陪衬，多不经济。如试试让几个人出场不久，在沉香亭畔丝竹筝琶的来按按乐。乐不合拍，杨贵妃还不妨趁醉把琵琶夺过手中，弹一曲《得至宝》或《紫云回》，借此表演表演她作梨园弟子师傅的绝艺。在琵琶声中诸宫女同时献舞，舞玄宗梦里所见《紫云回》曲子本事！如此一来，三十年贵妃醉酒的旧场面，的确是被打破了，可是《贵妃醉酒》一剧，却将由于诸宫女活动的穿插，有了新的充实，新的生命，也免得梅先生一个人在合上唱独角戏，累得个够狼狈。更重要自然还是因此一来台上年轻人有长处可以发挥。京戏改良从这些地方改起，实有意义。还有服装部分，也值得从美术和历史两方面试作些新的考虑。社会总在进展，任何事情停留凝固不得。历史戏似乎也到了对历史空气多作些考虑负点责任时期了。无论洛神、梁红玉、杨贵妃，其实都值得进一步研究，穿什么衣更好看些，更符合历史情感及历史本来。目下杨贵妃的一身穿戴，相当累赘拖沓，有些里衬还颜色失调，从整体说且有落后于越剧趋势。不承认这个现实不成的。过去搞戏剧服装，对开元天宝时代衣冠制度起居诸物把握不住，不妨仅凭主观创造设计。观众要求也并不苛刻，只要花花绿绿好看就成；外人不明白，还说极合符历史真实，这种赞美还在继续说下去，容易形成自我陶醉。目下情形已大不相同，能让历史戏多有些历史气氛，并不怎么困难麻烦，而且也应当是戏剧改良一个正确方向。我们不能迁就观众欣赏水平，值得从这方面作提高打算，娱乐中还多些教育意义。这事情事实上是容易解决的，所缺少的是有心人多用一点心，又能够不以过去成就自限。

（选自《最美文》，崇文书局 2010 年版，有删节）

阅读点拨

　　文中沈从文以京戏为例，指出应该对"跑龙套"不受重视的现状进行变革，并且对变革的内容和方式作了探讨：要有历史感，要发挥戏剧的整体作用。文章描写细腻，如描写梅兰芳演戏时空中飞掷热毛巾的场景，富有立体感，妙趣横生。文中还运用了对比的手法，如将梅兰芳在长沙演出《贵妃醉酒》时主角的累与"跑龙套"的闲进行对比，具有调侃的味道，突出了文章的主题。

扇子的学问

邓云乡

　　扇子，是北京人度炎夏爱不释手的宝物。伏天里，虽说人人手中都摇着一把扇子，但由于性别、年龄、职业和文化修养的不同，所用的扇子亦各有别。

　　用蒲葵叶稍事加工即成的芭蕉扇以及用竹篾、麦秆编制的普通扇子，物美价廉，颇受大众欢迎；但就其历史和艺术价值而论，则不如羽扇、团扇和折叠扇。

　　羽扇的历史最为悠久。据晋人崔豹《古今注》一书所载，远在三千多年前的殷代就已有用鸟头羽毛制成的扇子。唐以前宫闱中所用的扇子，皆由羽毛制成。诸葛武侯与宣王司马懿在渭滨交战时，武侯就是手持白羽扇，指挥三军。羽扇出风缓软，不入肌理，对人体有益。北京的老人或僧、道、尼等各教弟子，深知古人"避风如避箭"这一养生之道的奥秘，故而于盛夏皆喜用羽扇取凉。

　　团扇为圆形短柄的扇子，古代宫中常用，又叫宫扇，为古代年轻女子一种不可少的装饰品。其作用主要是用以遮盖，手执一扇不但可以增添主人无限娴雅文静的仪态，有时还能体现少女活泼天真的个性。唐朝诗人王建《调笑令》中"团扇，团扇，美人频来遮面"以及杜牧七绝《秋夕》中"银烛秋光冷画屏,轻罗小扇扑流萤。天阶夜色凉如水,卧看牵牛织女星"的诗句,把少女既文静又活泼的二重性格,描绘得活灵活现。

正因为团扇带有装饰性,所以扇面大都选用丝绢绫罗一类的织品,以便在上面点染绘画,增加装饰美。故而梁朝的大文学家江淹有"纨扇如团月,出自机中素"之句。

昔日北京豪门中的太太、小姐以及梨园界的坤伶多喜用团扇。北京崇文门外花市的绢花作坊,每年夏季必集中人力、物力大批制作团扇,以供市场需求。其所制团扇,分素扇、字扇、画扇三种。字扇与画扇,是将成批的普通素扇"过行"给画匠或写字匠,雇佣他们在扇面上书写唐诗、宋词,彩绘花鸟虫鱼。至于素扇,上面虽无字画,却都是工精料细的上等品,扇柄以象牙或沉香木为之,柄端系有小巧玲珑的翡翠或玛瑙雕成的"扇坠儿",价格昂贵,专门卖予有钱人。

北京人喜用的折叠扇,又称聚骨扇或紧头扇,本是外国的贡品。苏东坡记载说:"高丽白松扇,展之广尺余,合之止二指许。"由此可知折扇至少在北宋时已由朝鲜传入我国。明代张东海亦以为折扇贡于东夷,永乐间始盛行于中国。据说传入宫中时为太监所见,觉得此物展开即用,收拢易藏,非常方便,于是纷纷仿制,后逐渐传入民间。

折叠扇的扇骨、扇面有非常考究的。韵古斋所售之扇骨,有紫檀、象牙、乌木、棕竹、湘妃竹、毛竹、梅鹿竹、广漆、菠萝漆、嵌金银丝、嵌螺钿等精雅的上品，并时而出售从宫中溢出民间的雕有正龙、侧龙、百龙、百鹿、百鸟等极为罕见的老扇骨子，这些价值连城的宝物，皆为清宫造办处所制，所刻鱼龙鸟兽及蝇头细楷，刀法清晰，不失规矩笔意。荣宝斋出售的扇面，有重金、红金、洒金、块金、发笺、白面、黑面、珊瑚面等。这些质地精良的扇面，价值并不昂贵，但一经配上张大千、溥心畬、齐白石等著名书画家的水墨丹青，便成了稀世之珍。

阅读点拨

　　本文采用总分的结构形式，详细介绍了三种扇子——羽扇、团扇和折叠扇，引经据典，妙趣横生。在介绍羽扇时，主要说明了其悠久的历史和"出风缓软，不入肌理，对人体有益"的特点。在介绍团扇时，引用王建和杜牧的诗文，突出了团扇的装饰性，文中还说明了制作团扇的材料、分类和扇面文化。最后介绍了折叠扇的历史、制作材料、扇面的水墨丹青等内容。小小的扇子，深厚的学问，开阔视野，给人教益。

阅读长城
——关于长城文化意义的思考

戴云鹏

长城既是实物,也是一个意味深长的象征,中国的先民们,用一个最具体实用的建筑物介入历史,在我们民族的古老心灵和集体记忆中完成了一次超越物理意义的精神建构。

长城在哪里?它当然是在中国北方起伏的山峦间静卧着,但也似乎已经蜿蜒进我们的头脑。生活在北京,你时时能感觉到它的存在。在北三环、北四环一带的多处交通标志牌上,都可以不断看到路向提示:八达岭长城,居庸关长城,慕田峪长城,司马台长城……对游客们而言,这不过是旅游线路标识,但对于以文化符号或国家民族象征物而将其沉淀于意识深处的思索者来说,它更多的是具有精神层面的意义。

说实话,我已记不清自己曾多少次光顾过长城了,无论在环绕北京的燕山山脉,在东接渤海湾的秦皇岛,还是在河西走廊的嘉峪关,我一次次攀爬长城、阅读长城。作为历史文化的特殊载体,长城会不时地告诉我一些悠久而隐秘的信息,并且,它的"过去",仍包含有指向未来的因素。

中国的万里长城始于秦王朝。虽然之前缘于小国间割据的需要,已有局部的各种战国"内长城"存在,但只有在秦始皇统一中国后,从总体战略出发,将燕、赵、秦等北部诸国的"外长城"连接延续,形成横亘辽阔国土的军事防线雏形,长城和中国这一特殊的关联才告确立,并且千年再未有大变。长城的文化意义有多种解读,一种说法是:长城是消极防御的产物,代表了一种自我闭锁心态。这种多少带有简单比喻性质的理解曾一度甚嚣尘上。

其实,我们只要看一看长城出现的历史时段就可以知道,雄心勃勃建筑一道护国之"墙"的秦王朝,和在其基业上励精图治的汉王朝,其实是在历史上完成了中华民族首次领土大整合、战略大拓展任务的巅峰时代之一。那样的辉煌,那样的铸造文明的机遇,在数千年历史中并不多见;而那样的开拓精神,那样的制度、文化上的开创精神,绝不是一个"围墙心态"可以解释得了的。其后,在盛唐时期,伴随一系列的边疆战争,特别是对藩国割据势力的征讨,对形成我们多民族国家的辽阔版图,其作用至关重要。秦汉及唐以降,尽管随着中原王朝的治乱兴衰,中国的地理边疆仍时有消长变化,但到了清代的康雍乾时期,通过对西北和东南的战略性拓展,进一步巩固了自秦汉以来中国力量所及的大部分地方,实现有效管辖的领土面积达到历史最大,中华疆域版图的基本格局得以确立至今。

举凡上述千秋功业,是为了回到长城。长城,这个今天已完全丧失了实用价值的庞大建筑,告诉我们的是民族历史发展的艰辛和崎岖,是超越个体、超越时空的民族精神。土地和家园,民生和社稷,一荣俱荣、一衰俱衰的生存图景、命运图式,构成了我们不断寻求意义和价值的冲动,引领着我们进化的步伐! 长城,它体现出的也许是一种善——试图在侵略与被侵略、战争与和平之间实现物理隔离。当我想到,历史上有那么一些决策者,想要修建一道墙,以阻断劫掠,呵护苍生,庇佑子民,让一个超级的大家庭免受侵扰窜犯,心中确会泛起一丝暖流。尽管在军事上长城挡不住什么真正的敌人,起不到多大的防御作用,但我们不必诋毁它,不必因所谓"历史观"的反复修正而对它说三道四。譬如,不必因为带有明显意识形态霸权色彩的西方"普遍化"史观,就否定它本来的"中国"意义,也不必因为要对抗霸权或凸显民族性,又将其孤立谈论,或将其神化,它永为我们的祖先留下来的重要精神文化遗产之一。

长城在今天仍对我们有所启示,我认为很重要的在于它是某种整体性、全局性思维的一个重要组成部分。废分封、置郡县,在中国历史上建立首个中央集权制国家的,是秦王朝。正是这个王朝,在修筑若干驰道、统一了路制车轨的同时,也建造了长城这样庞大的国防工程。与此相应的,当然还有在政治和军事上的高度集中和统一。今天看,这其中就包含着整体思维、全局思维,亦即战略思维、历史思维。秦王朝虽然短命,而它的格局、它的气象,却不可小视,它在社会组织制度上的一些创新甚至一直延续至今。我们是不是可以这样说:秦汉、盛唐和清代康雍乾时期,是积极追求中华民族战略利益拓展，并且实现了这样的拓展的几个重要时期。民族复兴，国祚延绵，需要的正是超出惯常思维、超越时代局限的大想象和大创造。

毫无疑问，今天的中国正在进入一个前所未有的强盛时期，中国的发展已经不只关乎中国自身的命运，也关乎世界。我们需要新的战略思维，以实现民族的发展利益。在修筑长城的冷兵器时代，战略拓展可能意味着疆土和地域的扩充，意味着民族间的征伐和臣服，但在今天的科技文明时代，全球化、信息化可以说已经完全改变和重塑了任何一个国家的战略空间。从金融战争到太空武器，从文化输出到技术殖民，"战略"在多个层面上甚至让传统的国界失去了意义。今天的战略利益，很大程度上可以说就是人类的总体利益，在这样的总体利益中，又包含着因发展程度和发展水平差异出现的诸多矛盾。历史经验告诉我们，集团、国家间的利益严重纠葛冲突，往往会兵戎相见。面对这复杂的历史环境和现实因素，如何既实现自身、一国战略利益的拓展，又不悖人类历史发展的趋势，我们今天需要的，是比以往任何时期都更加卓越的政治智慧。

毛泽东在《清平乐·六盘山》一词中有云："不到长城非好汉，屈指行程二万。"这个"长城"是什么？是中国人民摆脱近代以来被加诸的苦难历史，实现民族独立自主的梦想！摆脱被奴役、被侵略和被殖民的屈辱，实现国家的统一，这是民族生存发展中整体性、历史性思维中的一大步,而这本身就是至关重要的战略利益拓展。如何保证社会健康发展,实现国富民强,在当代世界格局中,发挥自己文明传统中的独特影响力,并最终把我们的立国初衷、我们对和谐世界的追求变成现实,则是更加宏伟的战略任务。实现和维护这一战略利益,对我们自身来说,意味着不断的科技创新、制度创新和物质文化的极大丰富;对世界而言,意味着政治影响力的增强,文化价值观的传播,与其他民族、利益集团和政治体系间的共存。

记得去年隆冬时节,美国时任总统奥巴马来华访问,曾见各大媒体刊登一幅他在长城上独自远眺的图片。我不知道,这个当今世界头号强国的领导人,到长城上想看什么,又看到了什么?他只不过是要做一回概念意义上的"好汉"呢,还是试图了解他匆忙光顾的这个国家?显然,他触及的只能是非常表面的长城,是文物意义上的长城,他未必了解另外一个"长城",那就是包含着中国人民独立自主和平发展这一朴素愿望的"长城"。因为他仍在根据美国自身,乃至他本人所在党派自身的固有思想逻辑和利益需要而行事。这,就是这个世界的现实,就是我们今天生存发展的具体环境——当对内祈求民族和谐、国家安定的梦想和对外期冀和平发展空间的愿望不被了解,甚至根本不会得到尊重时,我们就还是需要一个"长城",以正义的方式表明心中的善。

中国近代思想家梁启超,在其《中国史叙论》中,曾经对中国的大历史作过如下分期:"自黄帝以迄秦之统一,是为中国之中国"

"自秦一统至清代乾隆之末年,是为亚洲之中国""自乾隆末以至于今日,是为世界之中国"。梁任公更多的是从民族国家形成、地区势力影响,自然也是从我们中华民族生存发展空间的角度来观察历史的。虽然在他发表自己看法的年代,因信息技术而导致全球一体化的世界图景尚未出现,但他的基于中国本体的历史意识我们仍有必要予以尊重:"世界之中国"的含意不一定是自大,但可以是自强。如此说来,"长城"其实又可以被看作是一个社会理想工程的构想,我们仍会继续拥有它,并且维护它、珍视它。

不到长城非好汉,中华民族的古老梦想仍将继续。

(选自《解放军报》2010 年 6 月 1 日,有删改)

阅读点拨

本文围绕"长城的意义"这一主题铺陈开去,从长城的实物意义到长城的精神建构,上升到国富民强以及人类和平的高度,点亮人们思想的火花,给读者带来了强烈的视觉冲击和心灵震撼。文章引用毛泽东的诗句,阐明了长城的特定意义和未来指向;列举美国前总统奥巴马的事例,表明我们需要一个"长城",以正义的方式表明心中的善。文章语言准确,说理严谨,说服力强,有丰厚的文化底蕴。

民族融合探源

林欣浩

中国历史上,有很多民族和汉族融合在了一起。比如鲜卑族,经过长时间的农耕生活,他们学习了汉族的生活习惯和传统文化,逐渐失去了本民族的文化特色。到了隋唐时,鲜卑族和汉族融为一体,渐渐消失了。

为什么会出现这种情况呢? 主要和生活环境有关。

所谓民族文化,其实在很大程度上是由生活环境决定的。比如长城以北的民族文化多和游牧生活有关;长城以南的民族文化多和农耕生活有关。当两个不同民族的人民由于迁徙、战争等原因混居在一起时,因为他们的生活环境相同,生活习惯必然趋同,最终民族习俗也就会趋于一致。再加上长期混居容易打破语言的障碍,通婚会消除血缘的差别,久而久之,两个民族也就会融为一体了。

在五胡十六国期间,有很多游牧民族进入中原。一开始,他们尽量保留本民族的习俗,甚至有些人还坚持住帐篷,坚持骑马放牧。但是中原地区的人民整日都在农耕,游牧民族在这里生活时间长了,不得不接受包饺子吃米面、按季节到村子里收税的生活方式。

尤其是那些在中原地区出生的后代，他们很自然地觉得，以汉族的生活习俗在中原生活，要比坚持游牧民族的习俗更舒服、更方便。几代人以后，这些游牧民族的生活方式也就和汉族没什么区别了。

满清入关以后，想了很多办法坚持本民族的文化习俗，比如要求八旗子弟说满语、习骑射。一开始这些要求还有点用处，但是在汉地生活了几十年、上百年后，连八旗子弟也觉得还是汉族的生活方式更舒服。等到民国时再看那些八旗子弟，提笼架鸟、能书善画，一嘴的京片子，已经基本没有游牧民族的痕迹了。

反过来，在中国历史上有一些汉族人跑到长城以北生活，时间一长，他们的生活习惯也和当地的游牧民族相同了。

另外还有一个宗教问题。

不同民族的人群长期混居会造成融合。但在一种情况下例外：有宗教的影响。

宗教的约束力要大于生活环境的影响，世界上大部分宗教都要求信众严格遵守独特的生活习惯。虔诚的宗教信徒不会在生活习惯上随便和外教人士混同，融合也就难以实现。所以西方有一些地区常年有多民族、多教派混合居住，却并没有融合。中国的情况不同，古代中国由于儒家思想占绝对优势，宗教对人们的影响要小得多。

为什么民族融合是中国历史的大趋势呢？

我们说过，农耕民族的生产力要比游牧民族高，中原要比长城以北更富足,更能抵御恶劣天气的影响。因此一旦有机会,北方的游牧民族总想要进入长城以南生活。哪怕他们是以征服者的姿态进入中原,只要他们长期在中原生活,总会慢慢融入当地的生活中,接受儒家文化,最终和当地的人民融为一体。孝文帝的汉化虽然在短期内失败了,但是站在大历史趋势上看,汉化是顺应历史发展的。汉文帝之后的北朝帝王们,虽然其中有人反对汉化,试图反过来鲜卑化,但他们的政策都没能坚持太长的时间。最终,鲜卑等游牧民族都接受了汉族文化,本民族文化逐渐被遗忘。隋朝和唐朝的皇帝祖上都是鲜卑族,但已经用汉名、说汉话、穿汉服了。

（选自《哇,历史原来可以这样学》,四川少年儿童出版社 2016 年版,有删节,题目为编者所加）

阅读点拨

　　本文站在历史文化的高度,探究了民族融合的根源。文章另辟蹊径,巧妙地提出疑问,引出对问题的探究,从而激发阅读兴趣,让读者带着疑问阅读,找到答案,加深印象。文章列举的实例贴近生活现实,深入浅出,消除了读者的陌生感。语言轻松、平实、准确,令读者感受到作者对待民族文化的严谨态度。

孔子的洒脱

周国平

我喜欢读闲书，即使是正经书，也不妨当闲书读。譬如说《论语》，林语堂把它当作孔子的闲谈读，读出了许多幽默，这种读法就很对我的胃口。近来我也闲翻这部圣人之言，发现孔子乃是一个相当洒脱的人。

在我的印象中，儒家文化一重事功，二重人伦，是一种很入世的文化。然而，作为儒家始祖的孔子，其实对于功利的态度颇为淡泊，对于伦理的态度又颇为灵活。这两个方面，可以用两句话来代表，便是"君子不器"和"君子不仁"。

孔子是一个读书人。一般读书人寒窗苦读，心中都悬着一个目标，就是有朝一日成器，即成为某方面的专门家，好在社会上混一个稳定的职业。说一个人不成器，就等于是说他没出息，这是很忌讳的。孔子却坦然地说，一个真正的人本来就是不成器的。也确实有人讥他博学而无所专长，他听了自嘲地说："那么我就以赶马车为专长吧。"

其实，孔子对于读书有他自己的看法。他主张读书要从兴趣出发，不赞成为求知而求知的纯学术态度（"知之者不如好之者，好之者不如乐之者"）。他还主张读书是为了完善自己，鄙夷那种沽名钓誉的庸俗文人（"古之学者为己，今之学者为人"）。他一再强调，一个人重要的是要有真才实学,而无须在乎外在的名声和遭遇,类似于"不患莫己知,求为可知也"这样的话,《论语》中至少重复了四次。

"君子不器"这句话不仅说出了孔子的治学观,也说出了他的人生观。有一回,孔子和他的四个学生聊天,让他们谈谈自己的志向。其中三人分别表示想做军事家、经济家和外交家,唯有曾点说,他的理想是暮春三月,轻装出发,约了若干大小朋友,到河里游泳,在林下乘凉,一路唱歌回来。孔子听罢,喟然叹曰:"我和曾点想的一样。"圣人的这一叹,活泼泼地叹出了他的未染的性灵,使得两千年后一位最重性灵的文论家大受感动,竟改名"圣叹",以志纪念。人生在世,何必非要成个什么器、做个什么家呢,只要活得悠闲自在,岂非胜似一切?

学界大抵认为"仁"是孔子思想的核心,至于什么是"仁",众说不一,但都不出伦理道德的范围。孔子重人伦是一个事实,不过他到底是一个聪明人,而一个人只要足够聪明,就决不会看不透一切伦理规范的相对性质。所以,"君子而不仁者有矣夫"这句话竟出自孔子之口,他不把"仁"看作理想人格的必备条件,也就不足怪了。有人把仁归结为忠恕二字,其实孔子决不主张愚忠和滥恕。他总是区别对待"邦有道"和"邦无道"两种情况,"邦无道"之时,能逃就逃("乘桴浮于海"),逃不了则少说话为好("言孙"),会装傻更妙("愚不可及"这个成语出自《论语》,其本义不是形容愚蠢透顶,而是孔子夸奖某人装傻装得高明极顶的话,相当于郑板桥说的"难得糊涂")。他也不像基督那样,当你的左脸挨打时,要你把右脸也送上去。有人问他该不该"以德报怨",他反问：那么用什么来报德呢？然后说，应该是用公正回报怨仇，用恩德回报恩德。

孔子实在是一个非常通情达理的人，他有常识，知分寸，丝毫没有偏执狂妄。"信"是他亲自规定的"仁"的内涵之一，然而他明明说："言必信，行必果"，乃是僵化小人的行径["硁（kēng）硁然小人哉"]。其要害是那两个"必"字，毫无变通的余地，把这位老先生惹火了。他还反对遇事过分谨慎。我们常说"三思而后行"，这句话也出自《论语》，只是孔子并不赞成，他说再思就可以了。

也许孔子还有不洒脱的地方，我举的只是一面。有这一面毕竟是令人高兴的，它使我可以放心承认孔子是一位够格的哲学家了，因为哲学家就是有智慧的人，而有智慧的人怎么会一点不洒脱呢？

（选自《周国平作品精选》，长江文艺出版社 2009 年版）

阅读点拨

孔子是儒家文化的创始人，作者竟然称他是个洒脱之人，可谓新颖独到。文章围绕主题"孔子对于功利的态度颇为淡泊，对于伦理的态度又颇为灵活"逐层展开，在阐述的过程中，引用了孔子的语录以及孔子与学生聊天的事例，有力地论证了观点，具有很强的说服力。

远尘淡墨调烟雨
——瓷板上的中国书画(节选)

李慧占

陶瓷上出现文字,早在三国时期就开始了。但直到六朝时期,陶瓷上的文字,仍以刻印或模印等表现形式存在,不能称之为陶瓷书法,直到唐代,随着长沙窑以书写的文字来装饰瓷器,陶瓷书法才算真正诞生。陶瓷书法有平面的"瓷板书法"与立体的"瓷器书法"之分。除书法外,用国画技法装饰陶瓷则推动了"瓷板画"的出现,从清中期开始,瓷板画的发展走向了兴盛。

由土与火淬炼而成的中国陶瓷,经由笔与墨的浸染,从文化维度上脱胎换骨,从技艺晋身成为艺术。而一贯被誉为"中国美学之灵魂"的中国书画,脱离纸面融入"冰肌玉骨"的瓷器、瓷板上,亦碰撞生发出新奇别致的情趣。

瓷与纸有诸多类似,又大不相同。同样清白素净的基调,因为材质、料性、技法、成型的不同,书写者与欣赏者都得到不同的体验。陶瓷书画创作之前,书家对胚料的调制和瓷坯的性状需有成竹在胸的了解,书写绘画时才能恰到好处地控制运笔的力度、速度和技巧,否则很容易流露粗糙、呆板之相。

以瓷板作书画,纸可以吸墨,瓷板却不能;纸柔软而轻薄,瓷板光洁而厚重。纸上运笔,讲求力度、波势和意韵,故常有"力透纸背"之说;瓷板行书,由于温差导致的窑变,能够让料性发生变化,所有的力度,轻重缓急,提按使转,所有的色相,浓淡枯涩,墨色变幻,赖火之功,会完全"现形",因而更胜"力透纸背",而是笔触如刀刻。酣畅淋漓处,纸不可及也,但若没有足够的好料和书写功力,也很容易"现丑",釉中与釉下的书写,会让你笔行不畅,或浮或木,更遑论韵味、趣味。

好的瓷板书画作品,非手功精湛、经验丰富、悟性超凡又学养丰厚的书画家不能为。民国时期最负盛名的"珠山八友"瓷板画为藏家竞相追逐,绘出的各种山水人物花卉走兽无不光彩传神,栩栩如生,其笔法、墨韵、色彩和同时代的海上画派的作品有异曲同工之妙,又带有浓重的传达个性面貌的文人画色彩。八人的题款,也都是书法精品,色釉交映,凝练浑厚,浸透金石,尽现风流。有藏家细赏之下赞叹,徐仲南手书洒脱秀逸,苍润俊朗;何许人行笔稳健,顿挫变化明显,转折圆浑,字与字之间少连笔,却有绵延直下、一气呵成之势;毕伯涛笔法俊逸秀挺,丰润灵活,颇有唐寅之气韵……晚清"浅绛彩瓷四大家"之一的王凤池,有传世瓷板画作品《昌江日对黄山图》,画得精致而文气十足,颇得文人山水画之神韵。瓷板上的题诗写得灵动而呈才情,书法自然飘逸,布局和结字,以及每一笔的书写,都做到了裹藏恰好、肥瘦适宜、疏密得当、简繁有度的程度,给人以一种沉着超逸的视觉美感。

古诗有七绝咏青花瓷之美："雨过天青云破开，鬼谷下山入梦来。远尘淡墨调烟雨，一见倾心镌画台。"在英文里，"中国"和"瓷器"是同一个单词——china。瓷，连接着中国人的精神世界，延续这种优美的传统技艺，更需在其中糅入书心、文心。瓷板书画，将书画艺术、制瓷艺术及传统文学艺术融为一体，既拓宽了书画艺术的载体，又以不同书体、内容、章法之有机组合，为瓷器脱去"匠气"与"烟火气"，萃取出凝重质朴的魅力。

书画行走瓷板，笔墨线条在釉彩间舒展舞蹈，古典诗文在瓷板上低吟浅唱，刚强者有了柔软的面容，柔软者有了刚强的筋骨，正合乎中国人的太极之"道"。惟其得道，"瓷"与"书画"这两门中国传统技艺蕴含的人文精神、审美理念和艺术感染力才能更长远地彰显。

（选自《书摘》2015 年第 6 期，有删节）

阅读点拨

　　本文介绍了瓷板上的中国书画的演变过程及创作方法，欣赏了瓷板画"珠山八友"和《昌江日对黄山图》，最后指出了"瓷"与"书画"结合的意义。文章第四段从吸墨程度、材料性质、书写技法三方面进行比较，说明瓷板书画和纸上书画的不同之处，突出了瓷板书画对料性和书写功力有更高的要求。

唤醒传统节日的仪式感

李 斌

"前庭后院挂满了灯笼,又是宫灯,又是纱灯,烛光辉煌,地上铺了芝麻秸儿,踩上去咯咯吱吱响。""至于孩子,头天晚上母亲已经反复地叮嘱过了,过年时最好不说话,非得说时,也得斟酌词语,千万不能说出不吉利的词。"作家笔下的春节,总能勾起许多人的乡愁回忆。物质丰富、文化多样的时代,人们虽然创设出各具特色的过年新形式,但传统年俗的仪式感,从未在我们的文化记忆中失落。

如果没有节俗带来的仪式感,春节这样的传统节日便会与普通的假期无异。仪式感犹如生活的调味剂、文化的倍增器,它让平庸的生命懂得庄重,让潦草的生活焕发温馨。仪式感是元宵佳节的灯火辉煌,是清明祭祖的慎终追远,是中秋月圆的千里相思,是重阳登高的健康企盼。因为阖家团圆、守岁祈福、拜年贺岁等仪式感的存在,春节成为我们复苏文化记忆、确认精神归属的重要时刻。我们重视过年,正是为了温热内心的仪式感,触发文化意义上的深层感念。

"一个字,累;两个字,消费;三个字,大聚会;四个字,胡吃海睡"，几乎每年都会有不少人感慨年味变得寡淡。过年过年，"过"意味着庄严，"年"代表着主题。过得太随意，吃吃喝喝、玩玩闹闹，过得太前卫，埋首于手机、沉迷在网络，都会失去过年的氛围。而像通宵麻将、红包攀比、奔波酒桌，更是折射出世道人心的庸俗化。对待文化传统，最令人忧心的事情莫过于，"'物'的败坏，尚可恢复，而'文化精神'一旦败落下去，要拯救回来，怕是难以计算时日"。节日内涵要靠节俗形式来承载，要有过节的"规定动作"，得遵照一定的"打分标准"。如果贪图舒适享受，把节俗仪式当作应景的形式、累人的负担，甚或贴上"糟粕"的标签一脚踢开，节日岂能不变味？

告别了娱乐匮乏和物质贫瘠的年代，让温润文化生活、慰藉人伦情感的"文化粮食"丰富起来，我们才能进一步告别灵魂信仰的困乏。继承与创新，哪一方面都不能轻视。过去以真竹"着火爆之"即为"爆竹"，如今更为环保的电子爆竹有替代传统爆竹之势。过去拜年讲究作揖、磕头，如今短信、视频、微博都可以成为心愿的承载。过去烘托家庭幸福的是一桌丰盛年夜饭，如今全家一起看场电影、拍张合照，同样定格幸福团圆。变化的是年俗形式，不变的是文化追寻和情感慰藉。正所谓，"非新无以为进，非旧无以为守"，唤醒仪式感并不仅是发思古之幽情，也不是搞形式主义，而是不断挖掘承载文化传统和节日内涵的时代载体。如此，年俗才能生生不息，年味才能回味无穷。

春节这样的文化传统，不是摆在玻璃橱窗里供人参观的出土文物，而是我们生于斯、长于斯的生活根脉。今天我们能够在春节里像古人那样，感受"莫笑农家腊酒浑，丰年留客足鸡豚"的喜悦，舒展"柏绿椒红事事新，隔篱灯影贺年人"的豪情，体味"千门万户曈曈日，总把新桃换旧符"的意境，原因就在于文化传统的一脉相承、代代相传。历久弥新的文化传统，永远是我们的精神原乡。不论我们走多远，传承好、发展好"文化家底"，唤醒内心的仪式感、认同感、使命感，我们就能记得住回家的路，忘不了乡土的味道。

（选自《人民日报》2017 年 2 月 3 日）

阅读点拨

　　这是一篇很温馨的短文。作者告诫人们要传承、发展"文化家底"，唤醒内心的仪式感、认同感、使命感。文章围绕"仪式感"铺陈开去，开篇提出了"传统年俗的仪式感，从未在我们的文化记忆中失落"这个话题，接着从仪式感的内涵、传承、发展等方面进行阐述，用情感温热情感，用仪式唤醒仪式。文章前后呼应，首尾圆合，语言优雅凝练。愿我们心存仪式感，记住回家的路。

我思我行

【理解感悟】

❀ 《诗的源头是歌谣》的第二段中说"重叠可以说原是歌谣的生命",请联系上下文,谈谈你的理解。

❀ 《唤醒传统节日的仪式感》一文中的"仪式感"指的是什么? 为什么要唤醒这种"仪式感"?

【实践拓展】

❀ 对联,是我国特有的一种体制短小、文字精练、历史悠久、雅俗共赏的传统文学形式,其应用十分广泛。请查阅资料,填写下表。

类型	例句
春联	
婚联	
寿联	
挽联	

❀ 沈从文在《跑龙套》一文中描写了梅兰芳演戏时空中飞掷热毛巾的细节,给人留下深刻的印象,请你描写一个运动会中的细节,再现场景,展示风采。

【阅读延伸】

❀ 《中国的品格》（楼宇烈　著）

《中国的品格》以中国哲学研究为底蕴，厚积薄发，用平实的语言，深入浅出地介绍了整个中国传统文化的精髓，详细梳理了中国文化发展的脉络与体系，引导读者关注中国传统文化，了解中国文化内在的品格与精神。

❀ 《中国文化的重建》（费孝通　著）

《中国文化的重建》内容涉及中华民族的形成、传统文化面临的挑战、文化自觉与文化反省、中国文化与人类未来文明等方面的内容，帮助人们了解中国文化的深层结构及未来发展。

传统文化知多少

1. 中国第一部文学理论和评论专著：《文心雕龙》。

2. 中国第一部诗歌理论和评论专著：《诗品》。

3. 中国第一部科普作品：《梦溪笔谈》。

4. 中国第一部水文地理专著：《水经注》。

5. 中国第一部著名的戏曲作品：《窦娥冤》。

6. 中国第一部军事著作：《孙子兵法》。

7. 中国第一部记言体史书：《尚书》。

8. 中国第一部礼仪制度书：《仪礼》

第二单元

民俗寻趣

　　民风民俗是人类文明的重要组成部分，是传统文化中独特而迷人的瑰宝。中国民俗"百里不同风，千里不同俗"，异彩纷呈，妙趣横生。古老的传统节日，美妙的手工工艺，独特的饮食与服饰习惯，组成了一幅幅长长的、有声有色的民俗风情画卷。

　　阅读本单元，把握文章的行文思路，进一步了解民风民俗的内容，感受丰富多彩的文化元素，增强民族自豪感。

刺绣和缂丝（节选）

叶圣陶

　　最近在苏州参观江苏省工艺美术研究所。敞亮的工作室里，著名的金静芬老太太与好些中年妇女和女青年在那里刺绣，大多是赶制"七一"的献礼品。谁都像忘了自己似的，全神贯注在一上一下的针线上，使参观的人不敢轻轻地咳嗽一声，不敢让脚步有一点儿声音。"绷架"上或是大幅，或是小品，大幅几个人合作，小品一个人独绣。花线渐渐填充双钩的底稿，于是一只有神的眼睛出现了，一张娇艳的嫩叶出现了，层叠的峰峦显出了明暗，烂漫的花朵显出了阴阳。

　　大凡工艺美术的活儿，要是要求不高，竟可以说人人干得来。譬如刻图章，说容易真容易，阴文只要把字的笔画刻掉，阳文只要把字的笔画留着。有些小学生中学生爱找一块图章石买一把刻刀来玩儿，缘由之一就在刻图章这么容易。但是要讲布局，要讲刀法，要讲整个图章的韵味，就连积年的老手也未必个个图章都能踌躇满志。刺绣这活儿，无非拿花线填充底稿而已，只要针针刺在界限上，线跟线不散开也不重叠，就成了，这还不容易？但是要讲选用花线颜色恰到好处，要讲丝毫不露针线痕迹，要讲整幅绣品站得起来,透出生气和活力,就跟画家画一幅惬心之作一样,是不怎么容易的艺术造诣。有些绣品诚然平常,如演员身上穿的戏衣,如百货店柜台里陈列的椅垫枕套。我看江苏省工艺美术研究所完成的绣品,却几乎幅幅是惬心之作,是不用画笔而用针线画成的好画。在从前,谁绣出这么一两幅,人家就交口赞誉,称为"针神"了。而现在"针神"竟有这么多,静静地坐在那里刺绣的老年中年青年人全都是"针神",百花齐放的时代啊!她们的成品在好些刺绣车间里是制作的楷模,在展览会和陈列馆里是引人注目的展品,在国际交往间是最受欢迎的礼物,需要那么多,因而经常供不应求。

　　新创的针法听说有好多种,没仔细打听,说不上来。研究所正在写稿子,总结种种经验,我很盼望早日成书问世,虽然完全隔行,也乐于知其梗概。一句话给我印象很深,说努力的方向在使画面富于立体感。的确,我们看见的旧时的佳绣,工致匀净有余,生动活泼不足,换句话说,就是缺少立体感。要画面富于立体感,就是说,绣品要超过旧时的佳绣,真够得上称为生动活泼的好画。这个方向定得好,见出革新的精神和追求的勇气。而摆在面前的绣品,几乎幅幅是好画,又可见新针法新经验已经起了作用,所谓富于立体感已经在艺术实践中做到了。刺绣固然不是垂绝之艺,可是一代一

代传下来,艺术上的发展不怎么大。现在多数人集体钻研,共同实践,有意识地要它发展,发展果然极大,往后精益求精,前途何可限量。这儿我只是就苏绣而言,此外如湘绣广绣,虽然知道得很少,想必跟苏绣一样,近年来艺术上也有大发展,为历来所不及。从刺绣我又联想到同属工艺美术的木刻水印术,十年来的发展多大啊!十年以前,表现北京荣宝斋最高造诣的是《北平笺(jiān)谱》和《十竹斋笺谱》,到现在,《文苑图》和《夜宴图》的复制品挂在荣宝斋的橱窗里了。要不是亲眼看见,亲耳听说,很难相信从比较简单的笺谱发展到《文苑图》《夜宴图》那样要印几百次才完成的工笔绢画(《夜宴图》现在才复制一段,五段复制齐全,估计要印一千八百次),只有十年工夫。总而言之,各种工艺美术像是结伴合伙似的,赶在最近这十年间都来个大大的发展。这几乎不须列举若干个为什么,套用一句"其故可深长恩矣"也就够了。

对于女青年,研究所规定常课,要她们练习绘画。这个措施极有意义。既然要用针线画画,练习用画笔画画自然有很大好处,从这中间通达画理,无论选线运针就都有另外一副眼光了。我知道在那里刺绣的老年中年人,她们年轻的时候没受过这种基本训练。她们从小学刺绣,无非练成个手艺,贴补些家用而已,精不精并非主要考虑的事,偶尔有几个人用力勤,用心专,天分又比较高些,才成为好手。现在不同于她们年轻的时候了,刺绣是工艺美术之一,要学就非精不可,于是注重基本训练,借以保证人人能精。这是现在青年的好运气，也是刺绣艺术的好运气。

1961 年 6 月 17 日

（选自《叶圣陶散文精选》，浙江文艺出版社 2012 年版，有删节）

阅读
点拨

　　刺绣，是中国优秀的民族传统手工工艺之一。 作者开篇再现了刺绣的场面，描写细致；接着指出刺绣有很多"讲究"，也有很多"惬心之作"；然后写刺绣创新的方向，画面要富于立体感；最后写练习绘画，加强基础训练。 文中从刺绣联想到同属于工艺美术的木刻水印术，突出了工艺美术发展之快。 文章语言精练准确，自然亲切，字里行间流露出对艺术的热爱。

酸梅汤和糖葫芦

梁实秋

　　夏天喝酸梅汤，冬天吃糖葫芦，在北平是不分阶级人人都能享受的事。不过东西也有精粗之别。琉璃厂信远斋的酸梅汤与糖葫芦，特别考究，与其他各处或街头小贩所供应者大有不同。

　　徐凌霄《旧都百话》关于酸梅汤有这样的记载：

　　"暑天之冰，以冰梅汤为最流行，大街小巷，干鲜果铺的门口，都可以看见'冰镇梅汤'四字的木檐横额。有的黄底黑字，甚为工致，迎风招展，好似酒家的帘子一样，使过往的热人，望梅止渴，富于吸引力。昔年京朝大老，贵客雅流，有闲工夫，常常要到琉璃厂逛逛书铺，品品古董，考考版本，消磨长昼。天热口干，辄以信远斋梅汤为解渴之需。"

　　信远斋铺面很小，只有两间小小门面，临街是旧式玻璃门窗，拂拭得一尘不染，门楣上一块黑漆金字匾额，铺内清洁简单，道地北平式的装修。进门右手方有黑漆大木桶，里面有一大白瓷罐，罐外周围全是碎冰，罐里是酸梅汤，所以名为冰镇，北平的冰是从什刹海或护城河挖取藏在窖内的，冰块里可以看见草皮木屑，泥沙秽物更不能免，是不能放在饮料里喝的。什刹海会贤堂的名件"冰碗"，莲蓬桃仁杏仁菱角藕都放在冰块上，食客不嫌其脏，真是不可思议。有人甚至把冰块放在酸梅汤里！信远斋的冰镇就高明多了。因为桶大罐小冰多，喝起来凉沁脾胃。他的酸梅汤的成功秘诀，是冰糖多、梅汁稠、水少，所以味浓而酽（yàn）。上口冰凉，甜酸适度，含在嘴里如品纯醪（láo），舍不得下咽。很少人能站在那里喝那一小碗而不再喝一碗的。抗战胜利还乡，我带孩子到信远斋，我准许他们能喝多少碗都可以。他们连尽七碗方始罢休。我每次去喝，不是为解渴，是为解馋。我不知道为什么没有人动脑筋把信远斋的酸梅汤制为罐头行销各地，而一任"可口可乐"到处猖狂。

信远斋也卖酸梅卤、酸梅糕。卤冲水可以制酸梅汤，但是无论如何不能像站在那木桶旁边细啜那样有味。我自己在家也曾试做，在药铺买了乌梅，在干果铺买了大块冰糖，不惜工本，仍难如愿。信远斋掌柜姓萧，一团和气，我曾问他何以仿制不成，他回答得很妙："请您过来喝，别自己费事了。"

信远斋也卖蜜饯、冰糖子儿、糖葫芦。以糖葫芦为最出色。北平糖葫芦分三种。一种用麦芽糖，北平话是糖稀，可以做大串山里红的糖葫芦，可以长达五尺多，这种大糖葫芦，新年厂甸卖得最多。麦芽糖裹水杏儿（没长大的绿杏），很好吃，做糖葫芦就不见佳，尤其是山里红常是烂的或是带虫子屎。另一种用白糖和了粘上去，冷了之后白汪汪的一层霜，另有风味。正宗是冰糖

葫芦,薄薄一层糖,透明雪亮。材料种类甚多,诸如海棠、山药、山药豆、杏干、葡萄、橘子、荸荠、核桃,但是以山里红为正宗。山里红,即山楂,北地盛产,味酸,裹糖则极可口。一般的糖葫芦皆用半尺来长的竹签,街头小贩所售,多染尘沙,而且品质粗劣。东安市场所售较为高级。但仍以信远斋所制为最精,不用竹签,每一颗山里红或海棠均单个独立,所用之果皆硕大无疵,而且干净,放在垫了油纸的纸盒中由客携去。

离开北平就没吃过糖葫芦,实在想念。近有客自北平来,说起糖葫芦,据称在北平这种不属于任何一个阶级的食物几已绝迹。他说我们在台湾自己家里也未尝不可试做,台湾虽无山里红,其他水果种类不少,沾了冰糖汁,放在一块涂了油的玻璃板上,送入冰箱冷冻,岂不即可等着大嚼?他说他制成之后将邀我共尝,但是迄今尚无下文,不知结果如何。

(选自《雅舍谈吃》,云南人民出版社 2012 年版)

阅读点拨

文章主要说明信远斋的酸梅汤与糖葫芦特别讲究。文中引用前人对酸梅汤的记载,用作比较的方法介绍了信远斋的酸梅汤,突出其味道的纯美;运用了分类别的说明方法,突出了糖葫芦的特征。文章首尾照应,结尾给人言尽意无穷的感觉。

本命年的回想

刘绍棠

"春雨惊春清谷天,夏满芒夏暑相连,秋处露秋寒霜降,冬雪雪冬小大寒。"村风乡俗中,四时二十四节色彩缤纷,而最有鲜明地方特色和浓郁乡土风味的,却是二十四节之外的春节。

春节是现在通行的官称,我却跟我的运河乡亲父老一般,守旧地尊称为"过年",或曰"大年"。

想当年,我小的时候,家乡的大年从腊月初一就开始预热。一天比一天增温,一天比一天红火,发烧直到年根下。

腊月初一晚上,家家炒花生、炒瓜子、炒玉米花儿;炒完一锅又一锅,一捆捆柴火捅进灶膛里,土炕烫得能烙饼。玉米粒儿在拌着热沙子的铁锅里毕剥毕剥响;我奶奶手拿着锅铲,口中念念有词:"腊月初一蹦一蹦,孩子大人不得病。"花生、瓜子、玉米花儿炒熟了,装在簸箕里,到院里晾脆,然后端进屋来,一家人团团围坐,大吃大嚼。吃得我食火上升,口舌生疮,只得喝烧煳了的锅巴泡出的化食汤。化食汤清净了胃口,烂嘴角的食火消退,又该吃腊八粥了。小米、玉米糁儿、红豆、红薯、红枣、粟子熬成的腊八粥,占全了色、味、香,盛在碗里令人赏心悦目,舍不得吃。可是吃起来却又没有个够，不愿放下筷子。

喝过腊八粥，年味儿更浓重。卖糖葫芦的小贩穿梭来往，竹筒里抽签子，中了彩赢得的糖葫芦吃着最甜。卖挂落枣儿的涿州小贩，把剔核晒干的老虎眼枣儿串成一圈，套在脖子上转着吃。卖糖瓜和关东糖的小贩，吆喝叫卖，此起彼伏，自卖自夸。还有肩扛着谷草把子卖绒花的小贩，谷草把子上插满五颜六色的绒花，走街串巷，大姑娘小媳妇把他们叫到门口，站在门槛里挑选花朵。上年纪的老太太，过年也要买一朵红绒花插在小疙瘩鬏（jiū）上。村南村北，村东村西，一片杀猪宰羊的哀鸣。站鸡笼子里，喂养了一个月的肥鸡，就要被开刀问斩。家家都忙着蒸馒头和年糕，穷门小户也要蒸出几天的豆馅团子。天井的缸盖和筛子上冻豆腐，窗沿上冻柿子，还要渍酸菜。妇女们忙得脚丫子朝天，男人们却蹲篱笆根晒太阳，说闲话儿。

腊月二十三过小年，香烛纸马送灶王爷上天。最好玩的是把灶王爷的神像揭下来，火化之前，从糖瓜上抠下几块糖黏儿，抹在灶王爷的嘴唇上，叮嘱他上天言好事，下界才能保平安。灶王爷走了，门神爷也换岗了，便在影壁后面竖起天地杆儿，悬挂着一盏灯笼和在寒风中哗啦啦响的秫秸棒儿，天地杆上贴一张红纸："姜太公在此"，邪魔鬼祟就不敢登门骚扰了。

腊月三十的除夕之夜，欢乐而又庄严。阖（hé）家团聚包饺子，谁吃到包着制钱的饺子最有福，一年走红运。院子里铺着芝麻秸儿，小丫头儿不许出屋，小小子儿虽然允许走动，却不能在外边大小便，免得冲撞了神明。不管多么困乏，也不许睡觉；大人给孩子们说笑话,猜谜语,讲故事,这叫守岁。等到打更的人敲起梆子,梆声中才能锅里下饺子,院子里放鞭炮,门框上贴对联。小孩子们在饺子上锅之前,纷纷给老人们磕辞岁头,老人要赏压岁钱。男孩子可以外出,踩着芝麻秸到亲支近脉的本家各户,压岁钱装满了荷包。天麻麻亮,左邻右舍拜年的人已经敲门。开门相见七嘴八舌地嚷嚷着:"恭喜,恭喜!""同喜,同喜!"我平时串百家门,正月初一要给百家拜年。出左邻入右舍,走东家串西家,村南村北各门各户拜了个遍,这时我才觉得得到了公认,我又长了一岁。

今年岁逢丙子,是我的本命年,六十"高龄"回忆往事,颇有返老还童之感。

(选自《夜光杯散文精选》,文汇出版社 2000 年版,有改动)

阅读点拨

这是一篇散文。作家先用四时二十四节气让读者感受到华夏文明的浓厚氛围,并把春节用特写镜头隆重推出;然后浓墨重彩地描写具有地域色彩和乡土风情的京郊运河春节;最后点明这是本命年的回忆。文章构思巧妙,按照预热、增温、红火、发烧的顺序来写春节景象,层次清晰;语言朴实,充满着浓郁的乡村气息。

年　意

冯骥才

年意一如春意或秋意，时深时浅时有时无。然而，春意是随同和风、绿色、花气和嗡嗡飞虫而来，秋意是承载黄叶、凉雨、瑟瑟天气和凋残的风景而至。那么，年意呢？

年意不像节气那样——宇宙的规律、大自然的变化，都是外加给人的……它很奇妙！比如伏天挥汗时，你去看那张传统而著名的木版年画《大过新年》，画面上风趣地描绘着大年夜合家欢聚的种种情景。你呢？最多只为这民俗的意蕴和稚拙的版味所吸引，并不被打动。但在腊月里，你再去瞅这花花绿绿的画儿，感觉竟然全变了。它变得亲切、鲜活、热烈、火爆，一下子撩起你过年的兴致。它分明给了你以年意的感染。但它的年意又是哪儿来的呢？倘若含在画中，为何夏日里你却从中丝毫感受不到？

年年一喝那杂米杂豆熬成的又黏又甜味道独特的腊八粥，便朦胧看到了年，好似彼岸那样在前面一边诱惑一边等待了。时光通过腊月这条河，一点点驶向年底。年意仿佛大地寒冬的雪意，一天天簇密和深浓。你想一想，这年意究竟是怎样不声不响却日日加深的？谁知？是从交谈中愈来愈多说到年这个字，是开始盘算如何购置新衣、装点房舍、筹办年货……还是你在年货市场挤来挤去时，受到了人们要把年过好那股子高涨的生活热情的传染？年货，无论是吃的、玩的、看的、使的，全都火红碧绿艳紫鲜黄，亮亮堂堂，生活好像一下子点满灯。那些年年此时都要出现的图案，一准儿全冒出来——松、菊、蝙蝠、鹤、鹿、老钱、宝马、肥猪、聚宝盆，谁都知道它们暗示着富贵、长寿、平安、吉利、好运与兴旺……它们把你围起来，掀动你的热望，鼓舞你的欲求，叫你不知不觉把心中的祈望也寄托其中了。祖祖辈辈不管今年的希望明年是否落空，不管老天爷的许诺是否兑现，他们照样活得这样认真、虔诚、执着与热情。唯有希望才使生活充满魅力……

当窗玻璃外冷冽的风撩动红纸吊钱敲打着窗户，或是性急的小孩子提前零地点响爆竹，或是邻人炖肉煮鸡的芬芳窜入你的鼻孔时，大年将临，甚至有种逼迫感。如果你还欠缺几样年货未有齐备，少四头水仙或二斤大红苹果，不免会心急不安，跑到街上转来绕去，无论如何也要把这必备的年货买齐。圆满过年，来年圆满。年意原来竟如此深厚、如此强劲！如果此时你身在异地、急切回家，那一列列火车被返乡度年的人满满实实挤得变了形，你生怕误车而错过大年夜的团圆，也许会不顾挨骂、撅着屁股硬爬进车窗。年意还是一种着魔发疯的情绪！

不管一年里你有多少失落与遗憾、自艾自怨，但在大年三十晚上坐在摆满年夜饭的桌旁，必须笑容满面……你极力说着吉祥话和吉利话,极力让家人笑,家人也极力让你笑;你还不自觉地让心中美好的愿望膨胀起来,热乎乎填满你的心怀。这时你是否感觉到,年意其实不在任何其他地方,它原本就在你的心里,也在所有人的心里。年意不过是一种生活的情感、期望和生机。而年呢?就像一盏红红的灯笼,一年一度把它迷人地照亮。

(选自《冯骥才散文自选集》,百花文艺出版社 1995 年版)

阅读点拨

　　本文开门见山,从人们共有的对年意的感觉切入,接着从木版年画《大过新年》入手,描写了木版年画对人们情感的调动。然后进入生活现场,从衣食住行中提炼人们内心的向往和情感诉求。结尾照应开头,以年夜饭的场景对年意进行点题。作者以家常语言娓娓道来,营造了一个有温度的审美现场,表达了作者对热烈年意的赞美和对人们热爱生活的赞美。

侗 族 大 歌
——千年绝美如天籁

吴练勋

　　侗人有三宝，鼓楼、大歌、风雨桥。"大歌"就是指侗族大歌，它以神奇的多声部合韵名扬世界，被誉为绝美的"天籁之音"，堪称世界民歌艺术的珍品，2009 年被联合国教科文组织列入人类非物质文化遗产代表作名录。

　　侗族大歌是侗族多声部民间歌曲的统称，在侗语中称为"嘎老"（"嘎"就是歌，"老"则含篇幅长大、人多声多和古老之意），是由多人合唱、集体参与的古老歌种，多声部、无指挥、无伴奏便是其主要特点。模拟鸟叫虫鸣、高山流水等大自然之音，是大歌编创的一大特色。

　　侗族大歌历史悠久，已经有千年的历史，早在宋代就已经发展到了比较成熟的阶段。宋代诗人陆游在《老学庵笔记》中就记载了"仡伶"（侗人自称）集体做客唱歌的情况："至一二百人为曹，手相握而歌。"至明代，邝露在《赤雅》一书中更加明确地记载了"侗人善音乐，弹胡琴，吹六管，长歌闭目，顿首摇足"的情景。这是数百年谦侗族大歌演唱的重要文献。

　　说起侗族大歌的形式，有一个美丽传说。古时候，一群侗族青年男女在山上耕种。他们休息时坐在一个大树下相互逗乐，欢声笑语引来了山上百鸟齐鸣、昆虫欢唱。那些声音有高有低，此起彼伏。他们被迷人的鸟鸣虫唱所吸引，于是模仿起来。这样年复一年，优美动听、气势宏大的蝉歌、昆虫歌等多声部侗族大歌形成了。

大歌通常在节日里由男女歌队坐在鼓楼或围在火塘边进行对唱，以此来讲述人生哲理，传授生产生活知识。按音色，侗族大歌可分为男声大歌女声大歌、童声大歌和男女混声大歌几种。按体裁，分为鼓楼大歌、声音大歌、叙事大歌、童声大歌、戏曲大歌、社俗大歌和混声大歌等七种。侗族没有文字，大歌全靠"桑嘎"（歌师）口头教唱，世代相传下来。

侗族大歌是一种"众低独高"的音乐，需要三人以上的歌班（队）才能演唱，每个歌班包括至少一个领唱，一个高音和若干低音。演唱时，常在歌曲后半的"拉嗓子"部分运用以长音方式构成的持续音。为了突出高音部的旋律，即在低音部的基础上运用向上的支声方法进行变唱，一个人的变唱较为自由，旋律容易清洗。旧《三江县志》（卷二）中有着这样的记载："侗人唱法尤有效……按组互和，而以喉佳者唱反音，众声低则独高之，以抑扬其音，殊为动听。"

大歌的分部合唱形式是领唱与众唱相结合。侗族大歌的主旋律在低声部，高声部是派生的。低声部是众唱的，声音大；高声部由一个或两三个歌手在低声部旋律的基础上创造性的即兴变唱。但有时高声部也可为主旋律，即当低声部唱一个漫长的持续低音时，唱高音部的歌手以自己较为鲜明的旋律线，形成相对独立的变体，它虽源出低声部，但都超过了低声部的地位，而形成了主旋律。

侗歌讲究押韵，曲调优美，歌词多采用比兴手法，意蕴深刻。

侗族大歌一般由若干句构成，若干段组成一首。每首歌开始有一个独立性段落，作为序歌，中间部分由若干句组成，然后有一个尾声部分，形成首尾呼应的结构。

侗家人常说："饭养身，歌养心。"他们把歌当作精神食粮，用它来陶冶心灵和情操。他们世代都爱歌、学歌、唱歌，以会唱歌、会歌多为荣，用歌来倾诉自己的喜怒哀乐。歌与侗家人的社会生活息息相关，不可分割。

"汉人有字传书本，侗族无字传歌声；祖辈传唱到父辈，父辈传唱到儿孙。"大歌以其独特的演唱方式和特殊的组织形式传承着侗族的历史和文化，许多优秀的文化传统、生活习俗、社交礼仪等都靠着优美的歌声一代代往下传。侗族大歌不仅是音乐的艺术，而且是侗族社会结构、婚恋关系、文化传承和精神生活的重要组成部分，具有社会史、婚姻史、思想史、教育史等多方面的研究价值。

阅读点拨

　　本文从人类非物质文化遗产的视角，按照逻辑顺序，运用分类别、引资料等说明方法介绍了侗族大歌的形成、类别、声部、结构等内容。侗族大歌源远流长，是民族瑰宝、世界遗产，读着这篇美文，耳边仿佛传来这和谐之声、天籁之音。

端午，包裹大地深情（节选）

陈耀辉

端午就像一片有筋有脉的碧叶，包裹着华夏儿女既浪漫又现实的情怀，展示着一个民族灵魂深处永恒的诗意，贯穿着古老与现代生活的灿烂悠远的色香。

这是中华大地上最深情的节日。

"节分端午自谁言，万古传闻为屈原。"这是唐代江南诗僧文秀的名句。两千多年以来，端午节祭祀屈原，已经成为不变的习俗，成为中华民族端午文化的主线。

《荆楚岁时记》的作者、北周时期的宗懔认为，荆楚一带五月五日的竞渡，是因为屈原在端午这一天，投汨罗江而死。楚国人为屈原之死而悲痛，在他投水的江畔，每年都要举行龙舟竞渡活动，投掷五色丝绳捆扎的香粽，一遍遍排演着悲壮的独幕戏剧——拯救屈原。最强最壮的汉子，最轻最快的船，最响亮最热切的呼喊，只为改变那一时刻令人心碎的历史。

屈原是我心目中最伟大的诗人,其《离骚》和《天问》,想象之神奇,文思之澎湃,都是中国文学史上垂范千古的绝唱。《离骚》的情感,犹如无垠夜空中的一束闪电,以其耀眼的光芒,照彻了人类的精神世界。《天问》以超越时代的思维,开启了人们对宇宙万物的沉思。他情思杳渺,能与神灵交谈。在他的笔端,诸神的国度美丽如画,山鬼化为明媚的少女,虚幻的湘夫人有了人类的体温。楚地的乐曲,因为他的填词传遍四方。

自有文字记载以来,中华民族经历数次文学巅峰时代,但屈原的成就无人能够超越,正如马克思评价希腊史诗——至今都是"高不可及的范本"。

"路漫漫其修远兮,吾将上下而求索。"从中华文化发展的源流上说,屈原是忠君爱国思想的开启者。

屈原所秉持的,是始终如一、积极入世的价值追求。他的忠爱之心、忧患意识和进取精神,他的愤怒和抗争、九死不悔的坚定意志,可以让我们从多个层面、多个角度,理解这位有担当的政治家、文学家。以至于他的死,想来都是他璀璨生命的奋力一搏,是闪电,是雷鸣,是剑指黑暗的最后一击。

在中国的诸多历史人物中,与民俗节日"绑定"的,只有屈原一人而已。端午节的精神内核,已经深深地根植于中华民族潜意识层面。无论怎样的外力,也难以将它动摇,这就是优秀文化的伟大力量,也是我们增强文化自信的血脉根基。

"悲剧是将人生有价值的东西毁灭给人看。"鲁迅的这句话,也可以反过来理解:把悲剧看清晰看仔细,进而珍惜人世间的一切美好。

我相信在屈原的故乡,由于楚国强悍的民风,当时对他的哀悼,一定是情绪在理性之前,激昂在悲伤之后。与其为屈原的死而憾恨,不如秉承他的遗志,学习他的高风亮节,把他的愿望,让人民快乐地生活的心愿,落实在眼前的生活之中,传递给四方之国与后世之人。那么屈原的爱国爱民精神,就可以深入人心、流芳百世了。

无论是为了防范天灾瘟疫,还是虔诚地纪念伟人先驱,两者核心的观念,应该是殊途同归的——都是对安康的祈望,是中华民族关于天下太平的梦想。

良风美俗,足以触发人心的感动,滋养人们对生活、对祖国的爱。中国梦,因为爱,而存在。

我喜爱端午这个节日,喜爱五月这样的季节,喜欢用身体发肤解读仲夏,感受波光云影,体察一切美好。

我愿意用生命去爱护这一切,就像屈原热爱祖国。持守这份欣然,与古今的贤者达成相互的理解。这是源于灵魂深处的情感,百折不挠,九死无悔,温柔而坚决。

（选自《人民日报》2017 年 5 月 30 日，有删节）

阅读点拨

　　本文首先写端午节祭祀屈原、投掷香粽、竞渡龙舟是中华民族端午文化的主线；接着写屈原的诗作垂范千古，照亮了人类的精神世界；屈原是忠君爱国思想的开启者，要秉承他的意志，学习他的高风亮节；最后以爱的红线将良风美俗与中国梦巧妙结合，写爱美丽的五月、爱美丽的中国，富有新意。本文认为端午节的精神内核是中华民族关于天下太平的梦想，充满理性色彩，又为古老的话题赋予现代气息。

古人服装中的口袋

朱筱新

古人的服装与今人的服装差异很大。其中，在古人服装外面，是见不到口袋的，这与古人的物质生活有直接的关系。古代的许多生活用品、用具都比较大，无法装在身上。如作为古代书写工具和材料的"文房四宝"，就不能装在衣服内的口袋里。

古人外出远行时，行李及"文房四宝"等一些体积、重量较大的物品，多放在随身携带的行囊中。行囊是一个缝制的长形口袋，可以斜挎在肩上。此外，个人也可将这些物品装入包袱，捆扎后背在肩上。

除背负行囊、包袱外，在古人服装中，也有口袋。古人穿的服装，有一种交领服，如：交领衫、交领袍等。穿着时，交领服的两襟于胸前相交后，需在腰间系带。于是在胸前相交的两个衣襟与束带处的怀中位置，就形成了一个口袋。这个口袋可以盛放一些稍大的物品。如果还有随身携带的一些首饰等细小轻巧的贵重物品，即"细软"，则可以放在袖子内的口袋中。

古人服装的袖子比较长，一般以垂臂时手不外露为宜，故常称为"长袖""修袖"等。而且袖子还很宽大，故又称"大袖""广袖"等。

"城中好大袖,四方全匹帛"(《后汉书·马廖传》)这虽然有些夸张,但也足见袖子的宽大。正是因为古人的袖子比较宽大,所以在人们的日常生活中,做一些动作时往往见不到手,见到的只是袖子的摆动,所以古代诗文中便有"拂袖""挥袖""奋袖"等描绘。

置于袖子里的口袋,其位置是在肘的上方,即肘后部位。而一些影视作品中所表现的,拿物品只是伸到袖筒内很浅的位置。古人将袖中的口袋缝制到肘后,是很科学的,也是符合实际使用的需要。这是考虑到日常手臂的动作对口袋的影响,可以避免因手臂的动作导致袋内的物品滑落。因为诸如戴冠、正冠、插钗等动作,小臂往往要向上抬举。如果将口袋缝制在距袖口很近的小臂处,一旦小臂抬起,口袋中的"细软"就容易掉出来。而缝制在肘后的部位,因大臂在日常生活中高抬的机会比较少,所以不会出现"细软"掉落的现象。

将口袋缝制在肘后,虽然拿东西也很不方便,但因在口袋里盛装的只能是些细小、轻便的贵重物品,加之袖子比较宽大,手伸到袖内口袋里取物,也还是可以轻易做到的。如东晋时期的医学家葛洪广泛收集当时民间流传的用于常见病的处方后,编成《肘后备急方》。其书的名称就使用了"肘后"一词,意在表明书是放在肘后的口袋中,是可以随身携带、查阅的,具有应急救助的寓意。由此也说明,古人上衣中的口袋位置是在袖内的肘后。

此外,由于古人的袖子比较宽大,古代的一些微型兵器,也能藏在袖内,故称"袖器"或称"暗器"。如"袖刃""袖箭"等。这些兵器所藏的位置,则是位于袖内的小臂处,以便拿取或投掷。这与袖内的口袋无关。

正是因为放在口袋内的物品都具有细小、轻便的特点,所以便引申出"袖珍"之名,诸如袖珍词典、袖珍收音机等。冠以"袖珍"之名,就在于表示其小之意。

现在,我们服装中口袋的位置和功能都已发生了很大的变化,这也反映了服装是随着社会和经济的不断发展而变化的。

(选自《百科知识》总第 406 期,有删改)

阅读点拨

本文是一篇事物说明文,主要从位置、功能这两方面介绍了古人服装中的口袋。作者抓住古人服装中的口袋的特征,运用举例子、作比较、引资料、作诠释等多种说明方法进行说明,如通过列举东晋葛洪编成《肘后备急方》的事例,说明古人当时是把书放在肘后的口袋中的,从而使说明更具体,更有说服力。文章思路清晰,语言平实准确。

古人怎样取小名

采　诗

建平元年(公元前 6 年)十二月甲子夜,光武帝出生。恰好当年县内有嘉禾生,竟然一茎九穗,于是刘钦给光武帝取名曰:秀。"秀"的本义,即谷类抽穗开花也。刘秀的"秀",其实是小名,后来才升格为大名。

但是小名常限于一定范围内使用。一般说来,等大名实行之后,人们通常就不再称呼小名了。到时,除非特别亲近的朋友和家中的长辈可称呼小名,旁人称呼小名,会被视为莫大的羞辱。

"阿"字打头表亲昵

汉代陈皇后小名阿娇,曹操小名阿瞒,唐玄宗李隆基小名也叫阿瞒。三国蜀后主刘禅小名阿斗,这是家喻户晓的。有时,"阿"字又不连其名,直接和次第排行相连而称呼之,如梁武帝称临川王为阿六,隋文帝呼其弟杨瓒为阿三。

为何小名要冠以"阿"字呢? 现代学者认为佛教在魏晋南北朝的盛行,促成了"阿"字小名的繁盛,比如佛教中的阿弥陀佛、阿罗汉、阿育王等名称潜移默化,使得当时人们以"阿"作为发语词,兼表昵称而普遍流行。

寻常巷陌，人道寄奴曾住

小名还有一种特殊形式，就是用"奴"字来结尾。

传说唐代大诗人李白的孩子下地时，正值皓月当空，银光满地，李白就给孩子取个小名叫明月奴。

那这个"奴"字到底有什么特殊含义呢？

这种以"奴"称的习俗，南北朝时就已时兴。这个"奴"字到底有什么特殊含义呢？翻开《辞源》，对"奴"字的解释，要么就是"自己的谦称"，或者是什么"对人的鄙称"，根本就和小名的这一"奴"字的意思挨不上边儿。至今的权威辞典如《汉语大字典》《汉语大辞典》，都还没有给这一"奴"字一个准确的定位。倒是周一良先生《魏晋南北朝史札记》"阿奴"一条，说出了"奴"字的真实含义。

历史学家周一良先生考证，"阿奴"一词本来就是长对幼的一种昵称，后来才直接用作小名。而以"奴"（佛之奴仆）字煞尾的小名，很可能是小名阿奴的一种变格，因此也是一种昵称。当然，它也是佛教东传的产物。

刘禹锡又名刘十九

据清代绍兴人平步青所说，绍兴一带，曾用小孩出生时父母或祖父母的年岁，来作为儿女的小名。如丈夫二十八岁，妻子二十五岁生子，其子就取小名五三；或其祖父年寿七十一岁，则取名七一。这种以数字命以小名的习俗，自唐代就开始时兴，如刘禹锡被称为刘十九，白居易被呼为白二十二等。

其实长久以来，不仅南方兴此习俗，北方亦然。如幼时的清代八旗子弟，常用祖父母的年岁来做小名，以示祖父母长寿。

小名岂能随便叫

那么国人又在什么场合用小名呢？大致或是尊长者称呼卑幼者，或是小辈对长辈自称。

晋文帝司马昭宠爱小儿子司马攸，每次看都要拊床称呼他的小名："此桃符座也。"长子司马炎性格坚忍，母亲王太后很担心会对司马攸不利。于是在临终前，流着泪对司马炎说："桃符性急，而汝为兄不慈，恐不能相容。"王太后试图以称呼小名，唤起司马炎心中的亲情。但帝王家哪里有亲情可言？司马攸还是未得善终，抑郁而死。

长辈呼晚辈小名表示亲昵，晚辈则向长辈自称小名表示敬意。宋武帝刘裕夺得了皇位后，还是对继母毕恭毕敬。刘裕让次子刘义真作扬州刺史，而太后属意的人选是自己的儿子刘道怜，于是太后不太开心。刘裕写了封信解释："寄奴与道怜岂有所惜?"意思是：寄奴我怎么会亏待道怜呢？寄奴是刘裕的小名，那时刘裕已经称帝，除了自称，恐怕没有谁再敢称呼他为"寄奴"了。

（选自《中华遗产》2016 年第 6 期，有删改）

阅读
点拨

　　本文详细介绍了古人取小名的常用方法，用四个小标题来布局全文，层次十分清晰。 在介绍取小名的方法时，作者列举了生动有趣的例子加以说明，有理有据，融知识性、趣味性于一体，增强了文章的可读性。 文章多用短句，语言简洁，节奏明快。

我思我行

【理解感悟】

阅读了刘绍棠的《本命年的回想》，请你谈谈文章结尾的最大特点是什么？

《端午，包裹大地深情》一文中，赞美了屈原怎样的思想感情？

【实践拓展】

请你调查一下爷爷奶奶小时候是怎样过春节的，看看与你现在过春节的方式有什么不一样，想一想，为什么会有这些变化？

在家长或教师的带领下，到附近的博物馆参观，了解我国服饰的发展历史，感受古代劳动人民的智慧。

【阅读延伸】

《千年民俗文化》（喻本伐　主编）

本书对中国民间传承了几千年的生产方式、社会礼仪、家庭规范、人生习俗、道德风尚、文化工艺、艺术审美和民间信仰等繁复的民俗文化进行梳理，并附有精彩的故事和图片，为读者提供愉悦的视觉享受，让读者在回溯历史的同时重温古老民俗的厚重底蕴。

❀ 《中国人应知的节日与习俗》（宋月航　匡野　编著）

　　本书主要从中华民族的"九大节日习俗""岁时节气习俗""民间信仰习俗""饮食娱乐习俗""服饰婚嫁习俗""丧葬禁忌习俗"等方面，深入浅出地描绘了中华民族多姿多彩的节日习俗与文化，生动地展现了中国民俗的丰富内涵。

传统文化知多少

1. 中国第一位女历史学家：班昭。

2. 中国第一位田园诗人：陶渊明。

3. 中国第一位著名女词人：李清照。

4. 中国第一位史学家、文学家：司马迁。

5. 中国第一位伟大的爱国主义诗人：屈原。

第三单元
小说览胜

　　古典小说是我国灿烂文化的一个重要组成部分。上古到先秦两汉的古代神话传说、寓言故事促成了小说的孕育和形成；唐传奇的出现，标志着中国古代小说的成熟；明清章回体小说将古代小说推向了顶峰。本单元选取了一些经典小说片段，包括丰富多彩的场景、错综复杂的社会关系和各具个性的人物形象，这些特定时期的社会生活的缩影，给人们留下了长久的记忆。

　　阅读本单元，联系上下文理清人物关系，把握故事情节，学习刻画人物的方法，深入理解内容。

王蓝田性急①

[南朝宋]刘义庆

王蓝田性急。尝食鸡子②,以箸刺之,不得,便大怒,举以掷地。鸡子于地圆转未止,仍下地以屐③齿蹍之,又不得,瞋④甚,复于地取内口中,啮破⑤即吐之。王右军闻而大笑曰:"使安期有此性,犹当无一豪可论,况蓝田邪?"

【注解】

① 选自《世说新语》,中华书局 2011 年版。刘义庆(403—444),字季伯,原籍彭城(今江苏徐州),南朝宋文学家。

② 鸡子:鸡蛋。

③ 屐(jī):古人穿的一种木制鞋,鞋底由木齿支撑。

④ 瞋:通"嗔",发怒。

⑤ 啮(niè)破:嚼破。

阅读点拨

　　本文抓住人物特征，形象生动地刻画了人物的性格特点。文章告诉人们不要过于性急，心急吃不下滚烫粥。首句以"王蓝田性急"作为总起句，接着选取了生活中吃鸡蛋的一件小事，妙用动词"刺、掷、蹍、啮、吐"，进行细致的描绘，用"瞋"等词语作神态刻画，使读者如闻其声、如见其人。

火烧博望坡（节选）①

[明]罗贯中

　　忽报曹操差夏侯惇引兵十万,杀奔新野来了。张飞闻知,谓云长曰:"可着孔明前去迎敌便了。"正说之间,玄德召二人入,谓曰:"夏侯惇引兵到来,如何迎敌?"张飞曰:"哥哥何不使水去?"玄德曰:"智赖孔明,勇须二弟,何可推调?"关、张出,玄德请孔明商议。孔明曰:"但恐关、张二人不肯听吾号令;主公若欲亮行兵,乞假剑印。"玄德便以剑印付孔明,孔明遂聚集众将听令。张飞谓云长曰:"且听令去,看他如何调度。"孔明令曰:"博望之左有山,名曰豫山;右有林,名曰安林:可以埋伏军马。云长可引一千军往豫山埋伏,等彼军至,放过休敌;其辎②重粮草,必在后面,但看南面火起,可纵兵出击,就焚其粮草。翼德可引一千军去安林背后山谷中埋伏,只看南面火起,便可出,向博望城旧屯粮草处纵火烧之。关平、刘封可引五百军,预备引火之物,于博望坡后两边等候,至初更兵到,便可放火矣。"又命:"于樊城取回赵云,令为前部,不要赢,只要输,主公自引一军为后援。各须依计而行,勿使有失。"云长曰:"我等皆出迎敌,未审军师却作何事?"孔明曰:"我只坐守县城。"张飞大笑曰:"我们都去厮杀,你却在家里坐地,好自在!"孔明曰:"剑印在此,违令者斩!"玄德曰:"岂不闻运筹帷幄之中,决胜千里之外? 二弟不可违令。"张飞冷笑而去。云长曰:"我们且看他的计应也不应,那时却来问他未迟。"二人去了。众将皆未知孔明韬略,今虽听令,却都疑惑不定。孔明谓玄德曰:"主公今日可便引兵就博望山下屯住。来日黄昏,敌军必到,主公便弃营而走;但见火起,即回军掩杀。亮与糜竺、糜芳引五百军守县。"命孙乾、简雍准备庆喜筵席,安排功劳簿伺候。派拨已毕,玄德亦疑惑不定。

　　却说夏侯惇与于禁等引兵至博望,分一半精兵作前队,其余尽护粮车而行。时当秋月,商飙③徐起。人马趱行④之间,望见前面尘头忽起。惇便将人马摆开,问向导官曰:"此间是何处?"答曰:"前面便是博望城,后面是罗川口。"惇令于禁、李典押住阵脚,亲自出马阵前。遥望军马来到,惇忽然大笑。众问:"将军为何而笑?"惇曰:"吾笑徐元直在丞相面前,夸诸葛亮为天人;今观其用兵,乃以此等军马为前部,与吾对敌,正如驱犬羊与虎豹斗耳! 吾于丞相前夸口,要活捉刘备、诸葛亮,今必应吾言矣。"遂自纵马向前。赵云出马。惇骂曰:"汝等随刘备,如孤魂随鬼耳!"云大怒,纵马来战。两马相交,不数合,云诈败而走。夏侯惇从后追赶。云约走十余里,回马又战。不数合又走。韩浩拍马向前谏曰:"赵云诱敌,恐有埋伏。"惇曰:"敌军如此,虽十面埋伏,吾何惧哉!"遂不听浩言,直赶至博望坡。一声炮响,玄德自引军冲将过来,接应交战。夏侯惇笑谓韩浩曰:"此即埋伏之兵也! 吾今晚不到新野,誓不罢兵!"

乃催军前进。玄德、赵云退后便走，时天色已晚。

浓云密布，又无月色；昼风既起，夜风愈大。夏侯惇只顾催军赶杀。于禁、李典赶到窄狭处，两边都是芦苇。典谓禁曰："欺敌者必败。南道路狭，山川相逼。树木丛杂，倘彼用火攻，奈何？"禁曰："君言是也。吾当往前为都督言之；君可止住后军。"李典便勒回马，大叫："后军慢行！"人马走发，哪里拦挡得住？于禁骤马大叫："前军都督且住！"夏侯惇正走之间，见于禁从后军奔来，便问何故。禁曰："南道路狭，山川相逼，树木丛杂，可防火攻。"夏侯惇猛省，即回马令军马勿进。言未已，只听背后喊声震起，早望见一派火光烧着，随后两边芦苇亦着。一霎时，四面八方，尽皆是火；又值风大，火势愈猛。曹家人马，自相践踏，死者不计其数。赵云回军赶杀，夏侯惇冒烟突火而走。

且说李典见势头不好，急奔回博望城时，火光中一军拦住。当先大将，乃关云长也。李典纵马混战，夺路而走。于禁见粮草车辆都被火烧，便投小路奔逃去了。夏侯兰、韩浩来救粮草，正遇张飞。战不数合，张飞一枪刺夏侯兰于马下。韩浩夺路走脱。直杀到天明，却才收军。杀得尸横遍野，血流成河。后人有诗曰：

博望相持用火攻，指挥如意笑谈中。

直须惊破曹公胆，初出茅庐第一功！

【注解】

① 选自《三国演义》第三十九回，中国戏剧出版社 2005 年版，有删

节。罗贯中(约 1330—1400)，名本，字贯中，号湖海散人，元末明初小说家。

② 辎(zī)重粮草：古代军队一切军用物资，生活物资。

③ 商飙(biāo)：指秋风。

④ 趱(zǎn)行：赶路，快行。

阅读点拨

　　博望坡之战是诸葛亮登场后的第一战，也是俗语"新官上任三把火"的第一把火。诸葛亮凭着才智与胆识，第一把火灭掉曹操大军，不但重挫曹军锐气，也使刘备军中众人对其刮目相看。火烧博望坡使刘备的残存势力得以保存，为后来的宏图伟业埋下了种子。从此，刘备手下的人也愿意接受诸葛亮的调遣，诸葛亮得以在刘备军中大展宏图。小说情节曲折，扣人心弦，通过对人物的语言、动作等方面的描写，表现了诸葛亮的神机妙算和才智超人。

真假美猴王（节选）①

[明]吴承恩

　　大众举目看之，果是两个行者，吆天喝地，打至雷音胜境。慌得那八大金刚上前挡住道："汝等欲往哪里去？"这大圣道："妖精变作我的模样，欲至宝莲台下，烦如来为我辨个虚实也。"众金刚抵挡不住，直嚷至台下，跪于佛祖之前拜告道："弟子保护唐僧，来造宝山，求取真经，一路上炼魔缚怪，不知费了多少精神。前至中途，偶遇强徒劫掳②，委是弟子二次打伤几人，师父怪我赶回，不容同拜如来金身。弟子无奈，只得投奔南海，见观音诉苦。不期这个妖精，假变弟子声音相貌，将师父打倒，把行李抢去。师弟悟净寻至我山，被这妖假捏巧言，说有真僧取经之故。悟净脱身至南海，备说详细。观音知之，遂令弟子同悟净再至我山。因此，两人比并真假，打至南海，又打到天宫，又曾打见唐僧，打见冥府，俱莫能辨认。故此大胆轻造，千乞大开方便之门，广垂慈悯之念，与弟子辨明邪正，庶好保护唐僧亲拜金身，取经回东土，永扬大教。"大众听他两张口一样声俱说一遍，众亦莫辨，惟如来则通知之。正欲道破，忽见南下彩云之间，来了观音，参拜我佛。

　　我佛合掌道："观音尊者，你看那两个行者，谁是真假？"菩萨道："前日在弟子荒境，委不能辨。他又至天宫地府，亦俱难认。特来拜告如来，千万与他辨明辨明。"如来笑道："汝等法力广大，只能普阅周天之事，不能遍识周天之物，亦不能广会周天之种类也。"菩萨又请示周天种类，如来才道："周天之内有五仙，乃天地神人鬼；有五虫，乃蠃（luǒ）鳞毛羽昆。这厮非天非地非神非人非鬼，亦非蠃非鳞非毛非羽非昆。又有四猴混世，不入十类之种。"菩萨道："敢问是哪四猴？"如来道："第一是灵明石猴，通变化，识天时，知地利，移星换斗。第二是赤尻（kāo）马猴，晓阴阳，会人事，善出入，避死延生。第三是通臂猿猴，拿日月，缩千山，辨休咎，乾坤摩弄。第四是六耳猕猴，善聆音，能察理，知前后，万物皆明。此四猴者，不入十类之种，不达两间之名。我观假悟空乃六耳猕猴也。此猴若立一处，能知千里外之事，凡人说话，亦能知之，故此善聆音，能察理，知前后，万物皆明。与真悟空同象同音者，六耳猕猴也。"

那猕猴闻得如来说出他的本象，胆战心惊，急纵身，跳起来就走。如来见他走时，即令大众下手，早有四菩萨、八金刚、五百阿罗、三千揭谛、比丘僧、比丘尼、优婆塞、优婆夷、观音、木叉，一齐围绕。孙大圣也要上前，如来道："悟空休动手，待我与你擒他。"那猕猴毛骨悚然，料着难脱，即忙摇身一变，变作个蜜蜂儿，往上便飞。如来将金钵盂撒起去，正盖着那蜂儿，落下来。大众不知，以为走了，如来笑云："大众休言，妖精未走，见在我这钵盂之下。"大众一发上前，把钵盂揭起，果然见了本象，是一个六耳猕猴。孙大圣忍不住，抢起铁棒，劈头一下打死，至今绝此一种。如来不忍，道声："善哉！善哉！"大圣道："如来不该慈悯他，他打伤我师父，抢夺我包袱，依律问他个得财伤人，白昼抢夺，也该个斩罪哩。"如来道："你自快去保护唐僧来此求经罢。"大圣叩头谢道："上告如来得知，那师父定是不要我，我此去，若不收留，却不又劳一番神思！望如来方便，把松箍儿咒念一念，褪下这个金箍，交还如来，放我还俗去罢。"如来道："你休乱想，切莫放刁。我教观音送你去，不怕他不收。好生保护他去，那时功成归极乐，汝亦坐莲台。"

那观音在旁听说，即合掌谢了圣恩，领悟空，辄驾云而去，随后木叉行者、白鹦哥，一同赶上。不多时，到了中途草舍人家，沙和尚看见，急请师父拜门迎接。菩萨道："唐僧，前日打你的，乃假行者六耳猕猴也，幸如来知识，已被悟空打死。你今须是收留悟空，一路上魔障未消，须得他保护你，才得到灵山，见佛取经，再休嗔③怪。"三藏叩头道："谨遵教旨。"

正拜谢时，只听得正东上狂风滚滚，众目视之，乃猪八戒背着两个包袱，驾风而至。呆子见了菩萨，倒身下拜道："弟子前日别了师父至花果山水帘洞寻得包袱，果见一个假唐僧假八戒，都被弟子打死，原是两个猴身。却入里，方寻着包袱，当时查点，一物不少。却驾风转此，更不知两行者下落如何。"菩萨把如来识怪之事，说了一遍。那呆子十分欢喜，称谢不尽。师徒们拜谢了，菩萨回海，却都照旧合意同心，洗冤解怒。又谢了那村舍人家，整束行囊马匹，找大路而西。

【注解】

① 选自《西游记》第五十八回，吉林出版集团有限责任公司 2009 年版，有删节。吴承恩(1510—1582)，字汝忠，别号射阳山人，淮安山阳(今江苏淮安)人，明代小说家。

② 劫掳(lǚ)：抢劫掳掠。

③ 嗔(chēn)怪：责怪。

阅读点拨

　　"真假美猴王"故事曲折巧妙，斗争激烈，扣人心弦。从天宫到地府、从观音到唐僧都不能分辨真猴假猴，这推动了故事情节的发展。人物形象十分鲜明，惩恶扬善、是非分明的孙悟空跃然纸上。六耳猕猴最终还是在如来佛面前现出了原形，被孙悟空一棒打死，这说明尽管事物真假可能一时混淆，难以分辨，但随着事物发展过程的逐步推移，真相终究会大白天下。文中所表现的深刻道理，给人启迪。

郭　生①

〔清〕蒲松龄

　　郭生，邑之东山人。少嗜读，但山村无所就正，年二十余，字画多讹。先是，家中患狐，服食器用，辄多亡失，深患苦之。一夜读，卷置案头，被狐涂鸦；甚者，狼藉不辨行墨。因择其稍洁者辑读之，仅得六七十首，心甚恚愤，而无如何。又积窗课廿余篇，待质名流。晨起，见翻摊案上，墨汁浓泚殆尽。恨甚。

　　会王生者，以故至山，素与郭善，登门造访。见污本，问之。郭具言所苦，且出残课示王。王谛玩之，其所涂留，似有春秋；又复视泑②卷，类冗杂可删。讶曰："狐似有意。不惟勿患，当即以为师。"过数月，回视旧作，顿觉所涂良确。于是改作两题，置案上，以觇③其异。比晓，又涂之。积年余，不复涂；但以浓墨洒作巨点，淋漓满纸。郭异之，持以白王。王阅之曰："狐真尔师也，佳幅可售矣。"是岁，果入邑庠④。郭以是德狐，恒置鸡黍，备狐啖饮。每市房书名稿，不自选择，但决于狐。由是两试俱列前名，入闱中副车。

　　时叶、缪诸公稿，风雅绝丽，家传而户诵之。郭有抄本，爱惜臻至。忽被倾浓墨椀许于上，污荫几无余字；又拟题构作，自觉快意，悉浪涂之：于是渐不信狐。无何，叶公以正文体被收，又稍稍服其先见。然每作一文,经营惨淡,辄被涂污。自以屡拔前茅,心气颇高,以是益疑狐妄。乃录向之洒点烦多者试之,狐又尽泚之。乃笑曰:"是真妄矣!何前是而今非也?"遂不为狐设馔,取读本锁箱簏中。旦见封锢俨然,启视,则卷面涂四画,粗于指;第一章画五,二章亦画五,后即无有矣。自是狐竟寂然。后郭一次四等,两次五等,始知其兆已寓意于画也。

异史氏曰:"满招损,谦受益,天道也。名小立,遂自以为是,执叶、缪之余习,狃⑤而不变,势不至大败涂地不止也。满之为害如是夫!"

【注解】

① 选自《聊斋志异详注新评》,人民文学出版社2016年版。蒲松龄(1640—1715),字留仙,又字剑臣,别号柳泉居士,世称聊斋先生,清代杰出文学家。

② 涴(wò):弄脏。

③ 觇(chān):看,偷偷地察看。

④ 庠(xiáng):古代称学校。

⑤ 狃(niǔ):因袭。

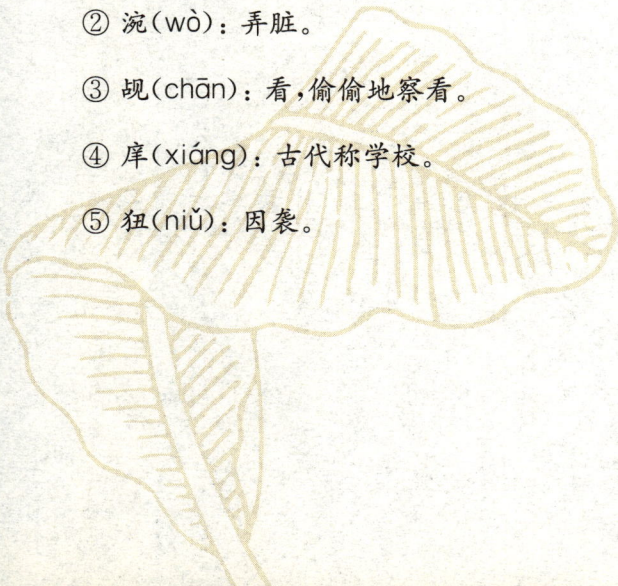

阅读
点拨

全文以荒诞怪异的笔墨，描述了郭生习文遇奇的离奇故事，为我们勾勒了一幅生动形象、寓意深刻的画面。全文构思新巧，情节曲折。开篇介绍人物、环境，交代故事的缘由；接着描写"智狐"的出场，巧妙设置矛盾，展开情节；再写王生的出现，推动情节的发展，形成完整的情节链。小说想象奇特，语言简练，形象丰满，读后令人深受启发。

王　　冕（节选）①

[清]吴敬梓

危素受了礼物，只把这本册页看了又看，爱玩不忍释手。次日，备了一席酒，请时知县来家致谢。当下寒暄②已毕，酒过数巡，危素道："前日承老父台所惠册页花卉，还是古人的呢，还是现在人画的？"时知县不敢隐瞒，便道："这就是门生治下一个乡下农民，叫作王冕，年纪也不甚大，想是才学画几笔，难入老师的法眼。"危素叹道："我学生出门久了，故乡有如此贤士，竟坐不知，可为惭愧。此兄不但才高，胸中见识，大是不同，将来名位不在你我之下。不知老父台可以约他来此相会一会么？"时知县道："这个何难，门生出去，即遣人相约。他听见老师相爱，自然喜出望外了。"说罢，辞了危素，回到衙门，差翟买办持个侍生帖子去约王冕。

翟买办飞奔下乡，到秦老家，邀王冕过来，一五一十向他说了。王冕笑道："却是起动头翁，上覆县主老爷，说王冕乃一介农夫，不敢求见。这尊帖也不敢领。"翟买办变了脸道："老爷将帖请人，谁敢不去！况这件事，原是我照顾你的；不然，老爷如何得知你会画花？论理，见过老爷，还该重重地谢我一谢才是！如何走到这里，茶也不见你一杯，却是推三阻四，不肯去见，是何道理？叫我如何去回复得老爷！难道老爷一县之主，叫不动一个百姓么？"王冕道："头翁，你有所不知。假如我为了事，老爷拿票子传我，我怎敢不去！如今将帖来请，原是不逼迫我的意思了；我不愿去，老爷也可以相谅。"翟买办道："你这都说的是什么话！票子传着倒要去，帖子请着倒不去，这不是不识抬举了？"秦老劝道："王相公，也罢；老爷拿帖子请你，自然是好意，你同亲家去走一回罢。自古道'灭门的知县'，你和他拗些什么？"王冕道："秦老爹！头翁不知，你是听见我说过的。不见那段干木、泄柳的故事么？我是不愿去的。"翟买办道："你这是难题目与我做，叫拿什么话去回老爷？"秦老道："这个果然也是两难。若要去时，王相公又不肯；若要不去，亲家又难回话。我如今倒有一法：亲家回县里，不要说王相公不肯，只说他抱病在家，不能就来，一两日间好了就到。"翟买办道："害病，就要取四邻的甘结！"彼此争论了一番，秦老整治晚饭与他吃了；又暗叫了王冕出去问母亲称了三钱二分银子，送与翟买办做差钱，方才应诺去了，回复知县。知县心里想道："这小厮哪里害什么病！想是翟家这奴才，走下乡狐假虎威，着实恐吓了他一场。他从来不曾见过官府的人，害怕不敢来了。老师既把这个人托我，我若不把他就叫了来见老师，也惹得老师笑我做事疲软。我不如竟自己下乡去拜他。他看见赏他脸面，断不是难为他的意思，自然大着胆见我；我就便带了他来见老师，却不是办事勤敏？"又想道："一个堂堂县令，屈尊去拜一个乡民，惹得衙役们笑话。"又想道："老师前日口气，甚是敬他；老师敬他十分，我就该敬他一百分。况且屈尊敬贤③,将来志书上少不得称赞一篇。这是万古千年不朽的勾当,有什么做不得!"当下定了主意。

次早,传齐轿夫,也不用全副执事,只带八个红黑帽衙役军牢,翟买办扶着轿子,一直下乡来。

【注解】

① 选自《儒林外史》第一回,中国戏剧出版社 2005 年版,有删节。
吴敬梓(1701—1754),字敏轩,一字文木,号粒民,安徽滁州人,清朝最伟大的小说家之一。

② 寒暄:问候与应酬。

③ 屈尊敬贤:放下架子,用尊敬的态度来对待有贤德的人。

阅读点拨

　　全文聚焦在王冕拒绝去见县老爷一事上,王冕四处躲着来拜访他的县老爷,翟买办对他说"老爷将帖请人,谁敢不去",他不理睬。这样的行为与世上常有的言行不符,体现了王冕不同寻常的一面。文中通过描写周围人的活动,折射出当时的社会环境。不慕名利、超凡脱俗的王冕与后文的周进、严监生等人形成鲜明对比,高下分明。

刘姥姥一进荣国府（节选）①

[清]曹雪芹

这里刘姥姥心神方定,才又说道:"今日我带了你侄儿来,也不为别的,只因他老子娘在家里,连吃的都没有,如今天气又冷了,越想没个派头儿,只得带了你侄儿奔了你老来。"说着又推板儿道:"你爹在家里怎么教你? 打发咱们作煞事来? 只顾吃果子咧。"凤姐早已明白了,听他不会说话,因笑止道:"不必说了,我知道了。"因问周瑞家的:"这姥姥不知用了早饭没有?"刘姥姥忙说道:"一早就往这里赶咧,哪里还有吃饭的工夫咧。"凤姐听说,忙命快传饭来。

一时周瑞家的传了一桌客饭来,摆在东边屋内,过来带了刘姥姥和板儿过去吃饭。凤姐说道:"周姐姐,好生让着些儿,我不能陪了。"于是过东边房里来。又叫过周瑞家的去,问他才回了太太,说了些什么? 周瑞家的道:"太太说,他们家原不是一家子,不过因出一姓,当年又与太老爷在一处做官,偶然连了宗的。这几年来也不大走动。当时他们来一遭,却也没空了他们。今儿既来了瞧瞧我们,是他的好意思,也不可简慢了他。便是有什么说的,叫奶奶裁度②着就是了。"凤姐听了说道:"我说呢,既是一家子,我如何连影儿也不知道。"

说话时,刘姥姥已吃毕了饭,拉了板儿过来,磕③唇咂嘴地道谢。凤姐笑道:"且请坐下,听我告诉你老人家。方才的意思,我已经知道了。若论亲戚之间，原该不等上门来就该有照应才是。但只如今家内杂事太多，太太渐上了年纪，一时想不到也是有的。况是我近来接着管些事，都不知道这些亲戚们。二则外头看着虽是烈烈轰轰的，殊不知大有大的艰难去处，说与人也未必信罢。今儿你既老远的来了，又是头一次见我张口，怎好叫你空回去呢。可巧昨儿太太给我的丫头们做衣裳的二十两银子，我还没动呢，你若不嫌少，就暂且先拿了去罢。"

那刘姥姥先听见告艰苦，只当是没有，心里便突突的；后来听见给他二十两，喜得又浑身发痒起来，说道："嗳，我也是知道艰难的。但俗语说的'瘦死的骆驼比马还大'，凭他怎样，你老拔一根寒毛比我的腰还粗呢!"

周瑞家的见他说得粗鄙，只管使眼色止他。凤姐看见，笑而不睬，只命平儿把昨儿那包银子拿来，再拿一吊钱来，都送至刘姥姥跟前。凤姐乃道："这是二十两银子，暂且给这孩子做件冬衣罢。若不拿着，就真是怪我了。这钱雇车坐罢。改日没事，只管来逛逛，才是亲戚们的意思。天也晚了，也不虚留你们了，到家里该问好的问个好儿罢。"一面说，一面就站了起来。

刘姥姥只管千恩万谢的，拿了银子钱，随了周瑞家的来至外面。周瑞家的道："我的娘啊! 你见了他怎么倒不会说了? 开口就是'你侄儿'。我说句不怕你恼的话，便是亲侄儿，也要说得和软些。蓉大爷才是他的正经侄儿呢，他怎么又跑出这么个侄儿来了。"刘姥姥笑道："我的嫂子，我见了他，心眼儿里爱还爱不过来，哪里还说得上话来呢。"二人说着,又到周瑞家坐了片时。刘姥姥要留下一块银子与周瑞家孩子们买果子吃,周瑞家的如何放在眼里,执意不肯。刘姥姥感谢不尽,仍从后门去了。正是:得意浓时易接济,受恩深处胜亲朋。

【注解】

① 选自《红楼梦》第六回,岳麓书社 1987 年版,有删节。曹雪芹(约 1715—1763),名霑,字梦阮,号雪芹,又号芹溪、芹圃,生于南京,清朝作家。

② 裁度:判断确定。

③ 觇(tiàn):吐舌头。

阅读
点拨

　　刘姥姥是《红楼梦》中的重要人物之一。选文通过描绘刘姥姥这位农妇的耳闻目睹及手足无措的感受,客观地再现了贾府骄奢淫逸的生活,贫富之间形成了鲜明的对比。小说选择了独特的视角,塑造了鲜明的人物形象,通过心理描写、语言刻画、动作描绘等方法,表现出刘姥姥的贫穷、地位卑微、谨小慎微、善良,也表现出凤姐的为人虚伪、办事圆滑。通过刘姥姥的活动来介绍王熙凤,起到了陪衬作用,为后文情节的展开做好了铺垫。

林之洋缠足（节选）①

[清]李汝珍

　　迟了片时，有几个宫娥把林之洋带至一座楼上，摆了许多肴馔②。刚把酒饭吃完，只听下面闹闹吵吵，有许多宫娥跑上楼来，都口呼"娘娘"，磕头叩喜。随后又有许多宫娥捧着凤冠霞帔，玉带蟒衫并裙裤簪环首饰之类，不由分说，七手八脚，把林之洋内外衣服脱得干干净净。这些宫娥都是力大无穷，就如鹰拿燕雀一般，哪里由他作主。刚把衣履脱净，早有宫娥预备香汤，替他洗浴。换了袄裤，穿了衫裙；把那一双"大金莲"暂且穿了绫袜；头上梳了鬏③儿，搽了许多头油，戴上凤钗；搽了一脸香粉，又把嘴唇染得通红；手上戴了戒指，腕上戴了金镯。把床帐安了，请林之洋上坐。此时林之洋倒像做梦一般，又像酒醉光景，只是发愣。细问宫娥，才知国王将他封为王妃，等选了吉日，就要进宫。

　　正在着慌，又有几个中年宫娥走来，都是身高体壮，满嘴胡须。内中一个白须宫娥，手拿针线，走到床前跪下道："禀娘娘：奉命穿耳。"早有四个宫娥上来，紧紧扶住。那白须宫娥上前，先把右耳用指将那穿针之处碾了几碾，登时一针穿过。林之洋大叫一声："疼杀俺了！"往后一仰，幸亏宫娥扶住。又把左耳用手碾了几碾，也是一针直过。林之洋只疼得喊叫连声。两耳穿过,用些铅粉涂上,揉了几揉,戴了一副八宝金环。白须宫娥把事办毕退去。接着有个黑须宫人,手拿一匹白绫,也向床前跑下道:"禀娘娘:奉命缠足。"又上来两个宫娥,都跪在地下,扶住"金莲",把绫袜脱去。那黑须宫娥取了一个矮凳,坐在下面,将白绫从中撕开,先把林之洋右足放在自己膝盖上,用些白矾洒在脚缝内,将五个脚趾紧紧靠在一处,又将脚面用力曲作弯弓一般,即用白绫缠裹;才缠了两层,就有宫娥拏④着针线来密密缝口,一面狠缠,一面密缝。林之洋身旁既有四个宫娥紧紧靠定,又被两个宫娥把脚扶住,丝毫不能转动。及至缠完,只觉脚上如炭火烧的一般,阵阵疼痛。不觉一阵心酸,放声大哭道:"坑死俺了!"两足缠过,众宫娥草草做了一双软底大红鞋替他穿上。

林之洋哭了多时,左思右想,无计可施,只得央及众人道:"奉求诸位老兄替俺在国王面前方便一声:俺本有妇之夫,怎作王妃?俺的两只大脚,就如游学秀才,多年未曾岁考,也已放荡惯了,何能把他拘束?只求早早放俺出去,就是俺的妻子也要感激的。"众宫娥道:"刚才国主也已吩咐,将足缠好,就请娘娘进宫。此时谁敢乱言!"不多时,宫娥掌灯送上晚餐,真是肉山酒海,足足摆了一桌。林之洋哪里吃得下,都给众人吃了。

【注解】

① 选自《镜花缘》第三十三回,中国文联出版社 2016 年版,有删节。

李汝珍(约 1763—1830),字松石,号松石道人,直隶大兴(今属北京市)人,清代小说家。

② 肴馔(zhuàn):丰盛的饭菜。

③ 鬏(jiū):头发盘成的结。

④ 拏(ná):通"拿"。

阅读点拨

　　鲁迅称《镜花缘》为能"与万宝全书相邻比"的奇书。全文主要写了林之洋缠足这件事,运用漫画式的笔调,表现了社会的丑恶和可笑。 小说反映出作者追求男女平等、要求女子和男人具有同样社会地位的良好愿望,表达了作者对封建社会男尊女卑观念的不满。 作品想象丰富,感染力强。

我思我行

【理解感悟】

　　阅读了王冕的故事，请结合具体事例，说说王冕有怎样的性格特点。

【实践拓展】

　　走进《西游记》，我们就走进了一个奇妙绚丽的神话天地。它让我们张开想象的翅膀，遨游在美好的艺术境界里，它的每一处神奇的幻境，每一个富有魅力的人物，每一件显着灵异的宝物，都给我们带来了美的享受。和朋友们一起召开一次读书报告会吧，共同完成下面两个活动。

🌸 说人物：孙悟空、猪八戒、沙僧都是神性、人性、动物性的和谐统一，你最喜欢或最不喜欢谁？请简单地说说理由。

🌸 讲故事：你们最喜欢《西游记》里面的哪个故事？请大家讲一讲。讲故事的时候要注意语言简练，把故事讲完整。

【阅读延伸】

🌸 《世说新语》（刘义庆 著）

　　《世说新语》主要记录了魏晋名士的逸闻轶事和玄言清谈，是中国魏晋南北朝时期"笔记小说"的代表作，故事生动有趣，引人入胜，值得一读。

传统文化知多少

1. 唐宋八大家：韩愈、柳宗元、欧阳修、苏洵、苏轼、苏辙、王安石、曾巩。

2. 饮中八仙：李白、贺知章、李适之、李琎、崔宗之、苏晋、张旭、焦遂。

3. 蜀之八仙：容成公、李耳、董仲舒、张道陵、严君平、李八百、范长生、尔朱先生。

4. 扬州八怪：郑板桥、汪士慎、李鱓、黄慎、金农、高翔、李方膺、罗聘。

第四单元

诗海采珠

　　中国是一个诗歌的国度，古典诗歌是中国传统文化大花园中一朵璀璨的奇葩，是我们民族文化遗产中极为珍贵的一部分。读诗，可品文化精粹；读诗，可感人间真情；读诗，可悟天地草木之灵；读诗，可见流彩华章之美。诗读百遍，其义自见。让我们穿越遥远的时空，追忆那曾经的美好……

　　阅读本单元时，注重朗读，把握诗歌的大意，感悟诗歌的意境，揣摩和品味诗歌语言的表达效果。

《诗经》二首①

风　雨

风雨凄凄,鸡鸣喈喈②。

既见君子,云胡不夷③。

风雨潇潇,鸡鸣胶胶。

既见君子,云胡不瘳④。

风雨如晦⑤,鸡鸣不已。

既见君子,云胡不喜。

【注解】

① 选自《诗经》,中华书局 2016 年版。《诗经》是我国最早的一部诗
歌总集,分为《风》《雅》《颂》三个部分。

② 喈(jiē):鸡鸣的声音。

③ 夷:平。

④ 瘳(chōu):病痊愈,这里指愁思消除。

⑤ 晦:昏暗。

阅读
点拨

　　这是一首风雨怀人的名作。诗中并没有直接写女子焦急难耐的思念之苦，也没有直接写相见之后的相聚之乐，只是反复通过"风雨""鸡鸣"这两种物象渲染女子的思绪，衬托出女子担忧与矛盾的心理状态，加深了其苦苦等待之中的沉闷与孤独，让读者在情感上产生共鸣。这首诗一唱三叹，意境单纯，意蕴丰富。"风雨如晦，鸡鸣不已"已成为后世许多诗词文人，包括艺术创作者所喜爱的意象之一。

蜉　　蝣①

蜉蝣之羽，衣裳楚楚②。

心之忧矣，于我归处？

蜉蝣之翼，采采③衣服。

心之忧矣，于我归息？

蜉蝣掘阅④，麻衣如雪。

心之忧矣，于我归说⑤？

【注解】

① 蜉（fú）蝣（yóu）：一种寿命极短的昆虫。

② 楚楚：鲜明的样子。一说整齐干净。

③ 采采：光洁鲜艳的样子。

④ 掘阅（xué）：挖穴而出。阅，通"穴"。

⑤ 说（shuì）：通"税"，止息，居住。

**阅读
点拨**

　　在这首诗中，诗人借助朝生暮死的昆虫，写出了脆弱的生命在死亡前的短暂美丽和面临死亡时的困惑。诗的内容单纯，结构简单，变化不多的诗句经过三个层次的反复，具有很强的表现力。诗中对蜉蝣美丽翅膀的描绘始终伴随着对死亡的无奈，那种昙花一现、浮生如梦的感觉分外强烈。但从另一个角度来说，对死的忧伤、困惑、追问，归根到底表现了对生的眷恋和对生命的敬畏。

从军诗五首（其五）①

[东汉]王 粲

悠悠涉荒路，靡靡我心愁。

四望无烟火，但见林与丘。

城郭生榛棘，蹊径无所由。

萑蒲②竞广泽，葭苇夹长流。

日夕凉风发，翩翩漂吾舟。

寒蝉在树鸣，鹳鹄③摩天游。

客子多悲伤，泪下不可收。

朝入谯郡④界，旷然消人忧。

鸡鸣达四境，黍稷盈原畴。

馆宅充廛里⑤，士女满庄馗⑥。

自非贤圣国，谁能享斯休。

诗人美乐土，虽客犹愿留。

【注解】

① 选自《汉魏六朝诗鉴赏辞典》，上海辞书出版社 2016 年版。王粲
（177—217），字仲宣，山阳高平（今山东微山）人，东汉末年文学
家，建安七子之一。

②　萑（huán）蒲：芦苇和蒲草。泛指水草。

③　鹔鹕（hú）：鹔与鹕。

④　谯（qiáo）郡：指谯县，古县名。

⑤　鄽（chán）里：城市聚居的地方。

⑥　庄馗（kuí）：四通八达的道路。馗，通"逵"。

阅读点拨

　　这首诗是王粲在跟随曹操征讨东吴的路途上所写。诗歌语言质朴、简洁、明快；其内容分为两个部分：前半部分描写了山河破碎的荒芜景象，后半部分则对未来寄予了深切的希望。生活在那个战乱的年代，诗人与众生一样不可避免地要经历痛苦与磨难，因此，字里行间流露出对生命无常的感伤情怀；但是他并不绝望，而是在艰险磨难之中，看到了让他的忧愁消散的乐土与希望。

湖口望庐山瀑布水①

[唐]张九龄

万丈红泉落,迢迢②半紫氛。

奔流下杂树,洒落出重云。

日照虹霓似,天清③风雨闻。

灵山多秀色④,空水共氤氲⑤。

【注解】

① 选自《唐诗六百首》,山西高校联合出版社 1994 年版。张九龄 (678—740),字子寿,韶州曲江(今广东韶关)人,唐开元尚书丞 相,著名政治家、诗人。

② 迢迢(tiáo tiáo):形容瀑布之长。

③ 天清:天气清朗。

④ 秀色:壮美景色。

⑤ 氤(yīn)氲(yūn):形容水气弥漫流动。

**阅读
点拨**

　　这是一首山水诗。首联写瀑布从高高的庐山落下，远望仿佛来自半天之上，"红泉"与"紫氛"相映，光彩夺目。颔联写瀑布飞泻云天的动感之美。颈联描绘飞瀑在阳光照耀下呈现出的奇幻风采。尾联以赞叹作结：庐山本属仙境，原多秀丽景色，而以瀑布最为突出。诗人从不同的角度，以不同的手法描写和赞美瀑布的雄伟景象，既有一种欣赏风景、吟咏山水的名士气度，又景中有人、象外有音，寄托着诗人开阔的胸襟和伟大的抱负。

与诸子登岘山①

[唐]孟浩然

人事有代谢②,往来成古今。

江山留胜迹③,我辈复登临。

水落鱼梁浅④,天寒梦泽深⑤。

羊公碑尚在,读罢泪沾襟。

【注解】

① 选自《唐诗三百首》,中华书局 2011 年版。孟浩然(689—740),名浩,字浩然,号孟山人,襄州襄阳(现湖北襄阳)人,世称孟襄阳,唐代著名的山水田园派诗人。

② 代谢:交替,转换。

③ 留胜迹:指前人留下的名胜古迹。这里指下文的"羊公碑"等。

④ 鱼梁:沙洲名,在襄阳鹿门山的沔水中。浅:是说鱼梁洲因水位下降而显露出来了。

⑤ 深:指辽阔的云梦泽,一望无际,令人感到深远。

阅读
点拨

　　这是一首吊古伤今的诗。 首联勾勒出阔大的时代背景，谱出全诗的基调。 颔联诗句平实，内涵丰富，有回顾，也有诗人吊古伤今的感怀。 颈联写眺望所见。 尾联是悠然的收束，诗人在秋寒暮色中垂泪，凭吊怀古融入了因为没有建功立业而生发的苍凉感慨。 这首诗语言通俗易懂，感情真挚动人，以平实深远见长。

从军行三首①

[唐]王昌龄

其一

烽火城西百尺楼，黄昏独坐海风秋。

更吹羌笛关山月②，无那③金闺万里愁。

其二

琵琶起舞换新声，总是关山旧别情。

撩乱边愁听不尽，高高秋月照长城。

其三

青海长云暗雪山，孤城遥望玉门关④。

黄沙百战穿金甲，不破楼兰⑤终不还。

【注解】

① 选自《唐诗六百首》，山西高校联合出版社 1994 年版。王昌龄
（698—757），字少伯，河东晋阳（今山西太原）人，盛唐著名边塞
诗人。

② 关山月：乐府横吹曲名。

③ 无那：无奈。

④ 玉门关：汉置边关名，在今甘肃敦煌西。

⑤ 楼兰：历史上西域三十六国之一。

阅读点拨

　　第一首诗，笔法简洁，意蕴丰厚，诗人巧妙地处理了叙事与抒情的关系。前三句叙事，采用了层层深入、反复渲染的手法描写环境、创设气氛，为第四句抒情做铺垫，表现了征人思念亲人、怀恋乡土的感情。第二首诗，截取了边塞军旅生活的一个片段，通过写军中宴乐表现征戍者深沉、复杂的感情，角度新颖。第三首诗则是对古代戍边将士的军旅之苦与征战决心之坚的形象刻画，同时也展示了整个西北边陲大气苍茫的景象。"不破楼兰终不还"，豪情与责任，光荣与梦想，都在气势如虹的边塞诗中得到了充分的展现。诗歌情景交融，感染力强。

白云歌送刘十六归山①

[唐]李 白

楚山②秦山③皆白云,白云处处长随君。

长随君,君入楚山里,云亦随君渡湘水。

湘水上,女萝衣④,白云堪⑤卧君早归。

【注解】

① 选自《全唐诗》,上海古籍出版社1986年版。刘十六:李白的朋友。李白(701—762),字太白,号青莲居士,唐朝浪漫主义诗人,被后人誉为"诗仙"。李白存世诗文千余篇,有《李太白集》传世。

② 楚山:这里指今湖南地区,湖南古属楚疆。

③ 秦山:这里指唐都长安,古属秦地。

④ 女萝衣:指的是屈原《九歌·山鬼》中的山中女神。

⑤ 堪:能,可以。

阅读
点拨

　　这是一首顶针诗，顶针是用前一句或前联的结尾词语，来做后一句或后联的开头，使前后两句头尾蝉联，上下递补。诗人选取朋友从秦归隐于楚的行程落笔，从首句"楚山秦山皆白云"起，这朵白云便与他形影不离，随他"入楚山"，随他"渡湘水"，直到末句"白云堪卧君早归"，祝愿他高卧白云为止，全诗从白云始，以白云终。诗中隐含了隐者的高洁以及作者欲与腐败政治决裂的情感。全诗情真意切，意蕴丰富，思想内容和艺术形式达到了完美的统一。

汉江临眺①

[唐]王 维

楚塞②三湘接,荆门九派③通。

江流天地外,山色有无中。

郡邑浮前浦④,波澜动远空。

襄阳好风日,留醉与山翁⑤。

【注解】

① 选自《唐诗三百首鉴赏辞典》,上海辞书出版社 2006 年版。王维 (701—761),字摩诘,号摩诘居士,河东蒲州(今山西运城)人, 唐朝著名诗人、画家,有"诗佛"之称。

② 楚塞:楚国的边界。

③ 九派:指长江的九条支流。

④ 郡邑:指汉水两岸的城镇。浦:水边。

⑤ 山翁:晋代将军山简,曾守襄阳。这里借指当时襄阳的地方 长官。

阅读
点拨

　　这首《汉江临眺》是王维融画法入诗的力作。开篇勾勒出汉江雄浑壮阔的景色，作为画幅的背景；接着以山光水色作为画幅的远景，诗人的笔墨从"天地外"收拢，写出眼前波澜壮阔之景，可见诗人笔法飘逸流动；最后诗人要与山翁共谋一醉，流露出对襄阳风物的热爱之情。这首诗展现了一幅色彩素雅、格调清新、意境优美的水墨山水画，画面布局远近相映，疏密相间，又融情于景，情绪乐观，给人以美的享受。

赠梁州张都督①

[唐]崔　颢

闻君为汉将，虏骑罢南侵。

出塞清沙漠，还家拜②羽林③。

风霜臣节苦，岁月主恩深。

为语西河使，知余报国心。

【注解】

① 选自《全唐诗》，上海古籍出版社 1986 年版。崔颢（hào）（704—754），汴州（今河南开封）人，唐代诗人。

② 拜：授予官职。

③ 羽林：侍卫皇帝的禁军。

阅读
点拨

　　这是崔颢写给边疆战士的赠诗。这首诗志节肃然，风骨凛然。颈联与颔联相照应，表达了盛唐边将的忠诚感激之情。尾联点明这首诗是为西河使所作，"知余报国心"，崔颢对西河使的勉励之情跃然纸上。那份愿意驻守国家边陲，保江山社稷、人民安康的情怀，将人们的爱国激情深深唤醒。

山 中 杂 诗①

[南朝梁]吴　均

山际②见来烟③,竹中窥④落日。

鸟向檐上飞,云从窗里出。

【注解】

① 选自《古诗三百首》,湖北美术出版社 2010 年版。吴均(469—520),字叔庠,吴兴故鄣(今浙江安吉)人,南朝梁史学家、文学家。

② 山际:山边;山与天相接的地方。

③ 烟:指山里面的雾气。

④ 窥:从缝隙中看。

阅读
点拨

　　这首诗画面感很强。开头两句诗人从远处的"山际"写到近处的"竹中"，其中"来""落"两字写出了动感，远近结合，动静相衬。三、四两句写鸟儿与白云，画面新奇绝妙，令人遐想。全诗四句，每一句都是一幅清新优美的画。凡景语皆情语，阅读这首诗能够感受到诗人恬淡超然的心境和对大自然的热爱之情。

望月有感①

[唐]白居易

　　自河南经乱,关内阻饥②,兄弟离散,各在一处。因望月有感,聊书所怀,寄上浮梁大兄、于潜七兄、乌江十五兄,兼示符离及下邽弟妹。

时难年荒世业空,
弟兄羁旅③各西东。
田园寥落干戈④后,
骨肉流离道路中。
吊影分为千里雁,
辞根⑤散作九秋蓬⑥。
共看明月应垂泪,
一夜乡心五处同。

【注解】

① 选自《唐诗三百首》,山西高校联合出版社 1994 年版。白居易
　　(772—846),字乐天,号香山居士,河南新郑人,唐代三大诗人
　　之一,有"诗魔"和"诗王"之称。

② 阻饥：艰难；饥荒。

③ 羁旅：寄居他乡。

④ 干戈：本指两种武器，这里借指战乱。

⑤ 根：指家庭，古人把家庭看作个人的根本。

⑥ 九秋：秋季九十天。蓬：多年多生草本植物，秋天枯黄后，随风飘散，常用来比喻漂泊离散。

阅读点拨

　　这是一首感情浓郁的抒情诗。诗的前两联从"时难年荒"这一时代的灾难起笔，以亲身经历概括出战乱频繁、家园荒残、手足离散这一苦难的生活情景；颈联以吊影分飞与辞根离散这样传神的描述，深刻揭示了饱经战乱的零落之苦；诗的尾联情谊深长，营造出五地望月共生乡愁的动人情景。全诗以白描的手法，采用极其质朴平易的语言，抒写人们所共有而又不是人人都能道出的真实情感，意蕴精深，情韵动人。

秋　夕①

[唐] 杜　牧

银烛②秋光冷画屏,轻罗小扇③扑流萤。
天阶④夜色凉如水,卧看牵牛织女星⑤。

【注解】

① 选自《唐诗三百首》,中华书局 2011 年版。杜牧(803—约852),字牧之,号樊川居士,京兆万年(今陕西西安)人,唐代诗人,与李商隐并称"小李杜"。

② 银烛:银色而精美的蜡烛。

③ 轻罗小扇:轻巧的丝质团扇。

④ 天阶:天庭,即天上。

⑤ 牵牛织女星:两个星座的名字,指牵牛星、织女星。亦指古代神话中的人物牵牛和织女。

阅读
点拨

　　这首诗写失意宫女孤独的生活和凄凉的心境。首句用一个"冷"字写秋景，暗示寒秋气氛，又衬托出宫女内心的孤凄；第二句写借扑萤打发时光，排遣愁绪；第三句以天阶如水暗喻君情如冰；末句借羡慕牵牛织女，抒发心中的悲苦。诗文没有写满面愁容，没有写流泪叹息，也没有直接的抒情或议论，但宫女哀怨与期望交织的复杂感情见于言外，侧面反映了封建时代妇女的悲惨命运。

落　花①

[唐]李商隐

高阁客竟去，小园花乱飞。

参差②连曲陌③，迢递送斜晖。

肠断未忍扫，眼穿仍欲归。

芳心④向春尽，所得是沾衣⑤。

【注解】

① 选自《唐诗三百首鉴赏辞典》，上海辞书出版社2006年版。李商隐（约813—858），字义山，怀州河内（今河南焦作沁阳）人，晚唐著名诗人，和杜牧合称"小李杜"。

② 参差：不整齐的样子，这里指乱飞的花影。

③ 曲陌：曲折的小路。

④ 芳心：既指落花，也指惜花人。

④ 沾衣：指眼泪沾湿了衣襟。

阅读点拨

　　这是一首惜春伤怀的诗。首联写落花，上句叙事，下句写景，情景交融。颔联从时间和空间的角度写落花的情状和对"斜晖"的点染，显示出诗人的伤感和悲哀。颈联直接抒情，抒发了断肠人又逢落花的伤感之情。尾联一语双关，既写花又写人，诗人壮志难酬，泪落沾衣，低回凄凉，感慨无限。这首诗用白描的手法描写花飞春尽的景象与春尽人悲的情思，曲折动人，无限感伤。

我思我行

【理解感悟】

❀ 本单元中有很多写景的诗句，请你找出来读一读、背一背、用一用。

❀ 爱国是一个永恒的话题，本单元中哪些诗人表达了这种情怀？

【实践拓展】

在中国诗坛中有许多"一字诗"，例如：一帆一桨一渔舟，一个渔翁一钓钩。 一俯一仰一场笑，一江明月一江秋。 请你借助工具书，搜集几首"一字诗"读一读，并与朋友交流，体会其中趣味。

【阅读延伸】

❀ 《唐诗三百首全解》（蘅塘退士　编）

《唐诗三百首全解》综合前人与今人注本的长处，为读者提供了一部知识性、资料性、鉴赏性相结合的读本。 其中所选的唐诗，首首脍炙人口，妇孺皆知。 阅读本书，可以陶冶情操，提升素养，让我们受益终身。

传统文化知多少

1. 岁寒三友：松、竹、梅。

2. 文房四宝：笔、墨、纸、砚。

3. 四书：《大学》《中庸》《论语》《孟子》。

4. 五经：《诗经》《易经》《尚书》《礼记》《春秋》。

5. 六书：象形、指事、会意、形声、转注、假借。

第五单元

词苑探幽

　　词和曲是我国源远流长的文化中的瑰宝。 词兴起于隋唐时代，在宋代发展到高峰。 每首词都有一个词牌，它规定了这首词的字数、句数和声韵。 词大体上可分类为婉约派和豪放派。 曲是一种韵文，兴起于南宋，盛行于元代。 让我们走进词曲之林，体会那份凝结在文字中的美丽与哀愁，感受多彩的人生。

　　阅读本单元，把握词曲的重音和连停，读出节奏，并熟读成诵，感受词曲的声韵之美，感悟词曲所表达的思想感情。

浪淘沙·帘外雨潺潺①

［南唐］李　煜

　　帘外雨潺潺，春意阑珊②。罗衾③不耐五更寒。梦里不知身是客，一晌贪欢④。

　　独自莫凭栏⑤，无限江山。别时容易见时难。流水落花春去也，天上人间。

【注解】

① 选自《绝妙好词》，长江文艺出版社 1991 年版。李煜（937—978），字重光，号钟隐、莲峰居士，生于金陵（今江苏南京），南唐最后一位国君，诗文均有一定造诣，尤以词的成就最高。

② 阑珊：衰残。

③ 罗衾（qīn）：绸被子。

④ 一晌（shǎng）：一会儿，片刻。一作"饷"（xiǎng）。贪欢：指贪恋梦境中的欢乐。

⑤ 凭栏：靠着栏杆。

**阅读
点拨**

　　这首词抒写了怀念故国的情感。词的上片先写梦醒再写梦中，帘外是寂寞的残春，梦里是华美的宫殿，梦醒时分，倍感痛苦。下片写"独自莫凭栏"，因为见不到"江山"，感叹流水落花春不再，今非昔比，故国不再，甚是怀念。这首词基调低沉悲怆，透露着李煜这个亡国之君绵绵不尽的故土之思。

蝶恋花·伫倚危楼风细细^①

[宋]柳　永

　　伫倚危楼^②风细细,望极春愁,黯黯生天际。草色烟光残照里,无言谁会凭阑^③意。

　　拟把疏狂^④图一醉,对酒当歌,强乐还无味。衣带渐宽终不悔,为伊消得^⑤人憔悴。

【注解】

① 选自《宋词三百首鉴赏辞典》,上海辞书出版社2006年版。柳永
　（约984—1053）,原名三变,字景庄,后改名柳永,福建崇安人,
　北宋著名词人,婉约派代表人物。

② 伫倚危楼:长时间依靠在高楼的栏杆上。伫,久立。危楼,
　高楼。

③ 会:理解。阑:通"栏"。

④ 疏狂:狂放不羁。

⑤ 伊:她。消得:值得,能忍受得了。

阅读
点拨

　　这首词是作者怀念伊人的抒情名作。词人把漂泊异乡的落魄感受，同怀念意中人的缠绵情思结合在一起，写景抒情，感情真挚。上片"伫倚危楼"四个字，隐隐地展现了词的主题——怀人；再通过风、草色等景物描写，烘托心中的情思；"无言"句突出了孤独感。下片的抒情由含蓄转为直率。为什么"我"为了消愁而"对酒当歌"，到头来却感到"无味"？因为愁情太重。为什么发愁？结句才点出是"为伊"。词的最后两句在相思的感情达到高潮时戛然而止，激情回荡，具有很强的艺术感染力。

浪淘沙·把酒祝东风①

[宋]欧阳修

　　把酒②祝东风,且共从容。垂杨紫陌洛城③东。总是④当时携手处,游遍芳丛。

　　聚散苦匆匆,此恨无穷。今年花胜去年红。可惜明年花更好,知与谁同?

【注解】

① 选自《全宋词全注全评》,天津古籍出版社 2014 年版。欧阳修(1007—1072),字永叔,号醉翁,晚号六一居士,吉州永丰(今江西永丰)人,北宋政治家、文学家,唐宋八大家之一。

② 把酒:端着酒杯。

③ 紫陌:泛指郊外的大道。洛城:指洛阳。

④ 总是:大多是,都是。

阅读点拨

　　抚今追昔，故地重游，这似乎成了欧阳修词作中的一种基调，这首《浪淘沙》就是一例。这首词的时间跨度是三年，上片叙事，下片抒情。末尾两句更进一层：明年这花还将比今年开得更加繁盛，可惜的是，明年此时，自己和友人天各一方，不知同谁再来共赏此花！把别情融于赏花中，将三年的鲜花巧妙地比较，层层推进，以惜花写惜别，构思新颖，诗意融融。

南乡子·送述古①

〔宋〕苏　轼

　　回首乱山②横，不见居人只见城③。谁似临平山上塔，亭亭④。迎客西来送客行。

　　归路晚风清，一枕初寒梦不成。今夜残灯斜照处，荧荧⑤。秋雨晴时泪不晴。

【注解】

① 选自《白话宋词精华》，哈尔滨出版社 1992 年版。述古：苏轼的好友。苏轼（1037—1101），字子瞻，号东坡居士，眉州眉山人，苏洵的长子，宋代文学家。

② 乱山：峰峦重叠的山。

③ 城：指杭州城。

④ 亭亭：直立的样子。

⑤ 荧荧：形容灯火暗淡微弱。

阅读
点拨

　　这是一首送别之作。词的上片写分手后回望离别之地临平镇和临平山的情景，表达了词人不能像高塔那样目送友人远去的遗憾以及对友人离去的哀伤之情；下片写归来怀念之情，友人既已远逝，回家的路上晚风凄清，回家后独守孤灯，彻夜难眠，泪眼蒙胧，营造出清冷孤寂的氛围，烘托了词人感伤离别、思念友人的情绪。这首词巧妙地运用了衬托，突出了词人的思念之苦，读来叩人心扉，令人叹惋不已。

清平乐·春归何处①

[宋]黄庭坚

春归何处? 寂寞无行路②。若有人知春去处,唤取归来同住。

春无踪迹谁知? 除非问取黄鹂。百啭③无人能解④,因风⑤飞过蔷薇。

【注解】

① 选自《宋词三百首鉴赏辞典》,上海辞书出版社 2006 年版。黄庭坚(1045—1105),字鲁直,号山谷道人,晚号涪翁,洪州分宁(今江西九江修水)人,北宋著名文学家、书法家。

② 无行路:没有留下春去的行踪。行路,指春天来去的踪迹。

③ 百啭:形容黄鹂婉转的鸣声。啭,鸟鸣。

④ 解:懂得,理解。

⑤ 因风:顺着风势。

阅读点拨

　　这是一首典雅优美的惜春之作。词的上片先以疑问句对春的归去提出质疑，春天回到哪里去了，转而询问有谁知道春天的去处，这种奇想渲染了惜春的程度，使词情富于变化；下片作者把思路引到物象上，既然无人知道春天的去处，看来只好去问黄鹂了，这种想象也极为奇特，极富情趣。黄鹂随风飞过蔷薇花，于是春之踪迹，最终无法找寻，心头的寂寞也就加重了。全词以寻找春天的足迹为线索，通过拟人的手法，几经曲折，把作者的惜春之情、寻美之意表现得淋漓尽致。

点绛唇·蹴罢秋千①

[宋]李清照

蹴②罢秋千,起来慵③整纤纤手。露浓花瘦,薄汗轻衣透。

见客入来,袜划金钗溜④。和羞⑤走,倚门回首,却把青梅嗅。

【注解】

① 选自《绝妙好词》,长江文艺出版社 1991 年版。李清照(1084—1155),号易安居士,山东济南章丘人,宋代女词人,婉约词派代表。

② 蹴(cù):踏。此处指荡秋千。

③ 慵:懒,倦怠的样子。

④ 袜划(chǎn):这里指跑掉鞋子以袜着地。金钗溜:快跑时首饰从头上掉下来。

⑤ 和羞:含羞。

阅读点拨

　　这首词是李清照早期的作品。上片写少女荡完秋千的神态，"露浓花瘦"一语表明了时间和地点，鲜花烘托了少女娇美的风貌，整个上片以静写动，以花喻人；下片写少女乍见来客的情态，最妙的是"倚门回首，却把青梅嗅"二句，生动地描绘了这位少女怕见又想见、想见又不敢见的微妙心理，最后她只好借"嗅青梅"这一动作掩饰一下自己，以便偷偷地看他几眼。这首词通过细节描写刻画了一位天真纯洁、感情丰富却又矜持的少女形象，写得真切自然而又充满新意。

夜游宫·记梦寄师伯浑①

［宋］陆　游

雪晓清笳乱起②，梦游处，不知何地。铁骑无声望似水。想关河，雁门西，青海际。

睡觉③寒灯里，漏声断④，月斜窗纸。自许封侯在万里。有谁知，鬓虽残⑤，心未死！

【注解】

① 选自《绝妙好词》，长江文艺出版社 1991 年版。师伯浑：词人的朋友。陆游（1125—1210），字务观，号放翁，越州山阴（今浙江绍兴）人，南宋著名诗人。

② 雪晓清笳（jiā）乱起：大雪飘飞的清早笳声乱起。笳，古代军队中用的一种管乐器。

③ 睡觉：睡醒。

④ 漏声断：漏声尽，指夜深。漏，古代计时器。

⑤ 鬓虽残：鬓发稀疏，指年老。

**阅读
点拨**

　　这是一首爱国词。 词的上片写梦境。 开头渲染了一幅
有声有色的关塞风光画面，接着点明这是梦游所在，然后进
一步引出联想——这样的关河，必然是雁门、青海一带了。
那作者为何有这样的"梦游"呢？ 只因王师还未北定中原，
收复故土。 词的下片写梦醒后的感慨。 先通过"寒灯""漏
声""月斜"等内容来写梦醒后的凄清景色，再抒发感慨，最
后一句表现作者强烈的爱国之情。 词中的梦境和现实、上片
和下片有机地融为一体，壮阔的境界和为国献身的思想永远
激励着人们。

天净沙·春夏秋冬①

[元] 白 朴

一

春山暖日和风，阑干楼阁帘栊②，杨柳秋千院中。啼莺舞燕，小桥流水飞红。

二

云收雨过波添，楼高水冷瓜甜，绿树阴垂画檐。纱厨藤簟③，玉人罗扇轻缣。

三

孤村落日残霞，轻烟老树寒鸦，一点飞鸿影下。青山绿水，白草红叶黄花。

四

一声画角谯门④，半庭新月黄昏，雪里山前水滨。竹篱茅舍，淡烟衰草孤村。

【注解】

① 选自《元曲鉴赏辞典》，商务印书馆国际有限公司 2012 年版。白朴（1226—约 1306），原名恒，字仁甫，后改名朴，字太素，号兰谷，元代著名的曲作家。

② 帘栊(lóng)：窗帘。

③ 簟(diàn)：藤席。

④ 谯(qiáo)门：建有望楼的城门。

阅读点拨

　　这首《天净沙》，按春夏秋冬四季来写。一写春天的画面，包括山水、花草、小桥等，让生机盎然的春天充满诗情画意；二写宁静的夏天，字里行间洋溢着温馨与甜蜜；三写秋天的村庄，荒僻而萧瑟，不禁悲从中来；四写冬日的黄昏，画面清冷，万籁俱寂。这首曲以四季为题，从春到冬，对季节更替描绘，体现了作者从欢快、明净到寥落、孤寂之间的情感变化。

殿前欢·对菊自叹①

[元]张养浩

可怜秋，一帘疏雨暗西楼，黄花②零落重阳后，减尽风流③。对黄花人自羞。花依旧，人比黄花瘦④。问花不语，花替人愁。

【注解】

① 选自《一生最爱古诗词大全集》，中国华侨出版社 2011 年版。张养浩(1270—1329)，字希孟，号云庄，又称齐东野人，山东济南人，元代著名政治家、文学家。

② 黄花：菊花。

③ 减尽风流：减去美好的风光。

④ 人比黄花瘦：引用李清照《醉花阴》。

阅读点拨

　　这首曲是张养浩辞官后所作。曲中写道，推开窗子，映入眼帘的是凄风疏雨。重阳节后，菊花凋零，减尽风流，花虽败落，但那些在枝头盛开的秋菊仍保有风采；再想到自己，却已瘦得不成人形。作者忍不住问花，自己该如何是好，花虽不语，想必它也在为自己感到忧愁。这首曲的最大特点在于作者利用菊花作为倾诉的对象，让菊花成为作者顾影自怜的倾听者，寓情于物，借景抒怀。这首曲还有另一层深意，菊花是陶渊明的最爱，张养浩选用菊花，自然说明了自己想和陶渊明一样成为隐居者，从侧面表露了心迹。

人月圆·春晚次韵①

［元］张可久

萋萋芳草春云乱，愁在夕阳中。短亭②别酒，平湖画舫③，垂柳骄骢④。

一声啼鸟，一番夜雨，一阵东风。桃花吹尽，佳人何在，门掩残红。

【注解】

① 选自《元曲鉴赏辞典》，商务印书馆国际有限公司 2012 年版。张可久（约 1270—1350），名伯远，字可久，号小山，元朝著名散曲家、剧作家，与张养浩合为"二张"，现存小令 800 余首。

② 短亭：指送行饯别之处。

③ 画舫：装饰华贵的游船。

④ 骄骢（cōng）：指骏马。

阅读点拨

　　这首元曲写诗人在暮春傍晚路过昔日送别之地而佳人不在的情景，诗人看到旧物，触景生情，感怀不已，表达了离恨和惆怅的心情。曲的开头两句，分别点出了"春"与"晚"芳草萋萋，春云缭乱，夕阳笼罩，暮霭凄迷的情景。接着写对送别情景的回忆。"一声啼鸟，一番夜雨，一阵东风"三句，连续叠用三个数量词，反复吟叹，回肠荡气，啼鸟声打断了诗人的沉思，使他从回忆中回到现实。最后三句，诗人从正面抒发见到分别之地的感受。这首曲以写景见长，凡景语皆情语，所写之景，深深地融入了诗人的离愁别绪，不着一字，尽得神韵。

菩萨蛮·雾窗寒对遥天暮①

［清］纳兰性德

雾窗寒对遥天暮，暮天遥对寒窗雾。花落正啼鸦，鸦啼正落花。袖罗垂影瘦，瘦影垂罗袖。风翦②一丝红，红丝一翦风。

【注解】

① 选自《纳兰词全集》，崇文书局 2015 年版。纳兰性德（1655—1685），满洲人，字容若，号楞伽山人，是清代最为著名的词人之一，他以"纳兰词"在中国词坛占有一席之地。

② 风翦（jiǎn）：即风吹。翦，有快速之意。

阅读点拨

　　这是一首回文词，一句词从最后一个字倒着读回去就成了第二句，使得一句变为两句，而两句又格式相同、成义有韵。这首词上片布景，下片写人，勾勒出一幅天色将暮、花落鸦啼、风吹雾动中人影垂袖的清冷画面，自成一番意境。

我思我行

【理解感悟】

阅读李清照的早期作品《点绛唇·蹴罢秋千》，她在词中以极精湛的笔墨描绘了少女"嗅青梅"这一细节，请问这一细节表现了少女怎样的心理？

《夜游宫·记梦寄师伯浑》是陆游寄赠朋友的作品，词的结尾写道："鬓虽残，心未死。"想一想，这句话表达了作者怎样的情怀？

【实践拓展】

回文词最早出现在宋朝，读后令人妙趣横生。本单元学习了纳兰性德的回文词《菩萨蛮·雾窗寒对遥天暮》，请你查阅资料，找出几首回文词来读一读，感受其中的妙处。

【阅读延伸】

《绝妙好词》（杨光治 选注）

词这种别具风姿的诗体，根植于我们民族土壤的深层。《绝妙好词》选取了九十八家、一百五十首作品，包括的年代，上起唐五代，下至清末，跨越一千余年，所选篇目尽力顾及不同历史时期、不同的风格流派，力图在有限的篇幅中反映词的概貌。 阅读此书能增加宋词积累，提高鉴赏审美能力，在艺术熏陶中修身养性。

❀ 《元曲三百首》（熊蓉、邓启铜 注释）

元曲是中国古代文化的瑰宝，它与汉赋、唐诗、宋词、明清小说一道成为中国古代文人聪明才智的见证。 本书为选编本，选取元曲代表作三百余篇，集注释、赏析为一体，将元曲艺术的精粹尽显书中，值得同学们慢慢赏读。

传统文化知多少

1. 四大书院：白鹿洞书院、岳麓书院、嵩阳书院、应天书院。

2. 四大名桥：广济桥、赵州桥、洛阳桥、卢沟桥。

3. 四大名亭：醉翁亭、陶然亭、爱晚亭、湖心亭。

4. 四大古镇：景德镇、佛山镇、汉口镇、朱仙镇。

5. 四大名塔：嵩岳寺塔、飞虹塔、释迦塔、千寻塔。

第六单元

散文华章

　　中国古代散文佳作如云，承载着丰厚博大的中华传统文化，展现着民族的精神与智慧。《老子》的哲理、《论语》的思辨、《国语》的驳杂、《战国策》的谋议……以其灿烂的光焰，照亮了整个中国文坛。品读精美散文，有助于青少年了解中华五千年的灿烂文化，继承优秀的文化遗产。

　　阅读本单元时，借助注解和工具书理解基本内容，诵读精美的篇章，提高文学鉴赏能力。

天 长 地 久①

[春秋]老 子

天长地久。天地所以能长且久者，以其不自生②，故能长生。是以圣人后其身③而身先，外其身④而身存。非以其无私邪？故能成其私⑤。

【注解】

① 节选自《老子》，中华书局 2016 年版。老子（约公元前 571—公元前 471），即李耳，字伯阳，又称老聃，是我国古代伟大的哲学家和思想家，是道家学派创始人。

② 不自生：不是为自己而生存。

③ 后其身：把自己放在最后。

④ 外其身：将其身置之度外。

⑤ 成其私：成就了自己。

【译文】

天地是长久存在的。天地之所以能够长久存在，是因为它们不是为了自己而运行、存在的，所以能够长存。因此，圣人把自己放在最后，反而能在众人之中领先；将自己置之度外，反而能够保全自己。这不正是因为他不自私吗？所以能够成就自己。

阅读
点拨

　　《老子》一书又名《道德经》，全书 81 章，可以说是字字珠玑，深邃博大，表达了朴素的自然观、豁达飘逸的宇宙观和人生观。本文告诫人们天地之所以能永久存在，是因为它不是为了自己的运动变化规律而存在的，它是万事万物运动变化规律和谐、平衡的集合。由此推及当一个人不是为自己，而是为别人活着时，那这个人也是永世长存、虽死犹生的。全文句式长短有致，充满理性色彩。

《论语》四则①

　　子曰："为政以德,譬如北辰,居其所而众星共②之。"

　　子游问孝。子曰："今之孝者,是谓能养。至于犬马,皆能有养③;不敬,何以别乎?"

　　子曰："君子周④而不比⑤,小人比而不周。"

　　子曰："人而无信,不知其可也。大车无輗,小车无軏⑥,其何以行之哉?"

【注解】

① 选自《论语·为政》,岳麓书社 2011 年版。《论语》记录孔子及其弟子言行,是儒家的经典著作。

② 共:通"拱",环绕的意思。

③ 有养:古书中指"被养"的意思。

④ 周:合群。

⑤ 比(bì):勾结。

⑥ 輗(ní)、軏(yuè),都是车上的关键部件,没有它们,便无法套住牲口,车就无法前行。

【译文】

孔子说:"如果国君为政以德,便会像北极星一样稳稳地位于北方,而其他的星辰都会环绕着它。"

子游向孔子请教孝道。孔子说:"如今所谓的孝,是指能够奉养父母。然而狗马之类的牲畜我们也能饲养。若我们不能恭敬地对待父母,又如何能区别奉养父母和饲养牲畜呢?"

孔子说:"君子在一起,是团结而不是勾结;小人在一起,是勾结而不是团结。"

孔子说:"一个人如果没有信用,我不知道他怎么可以立身处世。就好比大车没有輗、小车没有軏这样的关键部件,又怎么能够前行呢?"

阅读点拨

这四则语录,第一则代表了孔子"为政以德"的思想,意思是说,统治者如果实行德治,群臣百姓就会自动围绕着你转。这是强调道德对政治生活的作用,主张以道德教化为治国的原则。第二则是关于孝的问题,强调要发自肺腑地孝顺父母。第三则指出了君子与小人的区别。第四则中孔子认为,信是人立身处世的基点,强调做人要讲信用。这四则语录语言朴实无华、言简意赅、隽永有味,所选语录观点鲜明,给人教益。

田子造朝还金①

［西汉］韩　婴

　　田子为相，三年归休，得金百镒②奉其母。母曰："子安得此金?"对曰："所受俸禄也。"母曰："为相三年不食乎？治官如此，非吾所欲也。孝子之事亲也，尽为致诚，不义之物，不入于馆③。为人臣不忠，是为人子不孝也。子其去之。"田子愧惭走出，造④朝还金，退请就狱。王贤其母，说其义，即舍田子罪，令复为相，以金赐其母。《诗》曰："宜尔子孙承承兮⑤。"言贤母使子贤也。

【注解】

① 选自《韩诗外传集释》，中华书局 1980 年版。韩婴（约公元前200—公元前130），西汉燕（今属河北）人，文帝时为博士，景帝时至常山王刘舜太傅，西汉"韩诗学"的创始人。

② 镒（yì）：二十两。

③ 馆：这里指家。

④ 造：到。

⑤ 承承兮：谨慎小心。

【译文】

田子担任宰相,三年后休假回家,将得到的两百溢金子献给他的母亲。母亲问他:"你是怎么得到这些金子的?"田子回答:"这是我当官应得的报酬。"母亲说:"难道做宰相三年不吃饭吗? 像你这样做官,不是我所希望的。孝子侍奉父母应该做到诚实,不义之财不应拿回家。做臣子的不忠于国家,就是做子女的不孝顺父母。你还是离开吧。"田子惭愧地走出家门,到朝廷交出金子,并请求入狱治罪。齐宣王觉得田子的母亲很有才德,并赏识她的深明大义,当即赦免了田子的罪过,让他重新担任宰相,并把金子赐给了他的母亲。《诗经》说:"好好教育你的子孙谨慎小心啊。"说的就是贤惠的母亲能使子孙贤德。

阅读点拨

这篇短文主题积极、层次清晰,可读性强。 通过描写人物的对话,表现了田子母亲的深明大义,赞颂了田母从严教子、不取不义之财的美德,肯定了为官应该廉洁不贪,忠于国家才是真正孝敬父母的观点。 文章分为三个层次:第一层写田子受到母亲的追问;第二层写母亲要赶儿子走;第三层写田子惭愧走出,把钱还给朝廷,田子复为相并受到奖赏。文中的观点在今天仍有很强的现实意义。

狼 军 师①

〔清〕袁 枚

有钱某者,赴市归晚,行山麓②间。突出狼数十,环而欲噬。迫甚,见道旁有积薪高丈许,急攀跻执梱,爬上避之。狼莫能登,内有数狼驰去。少焉,簇拥一兽来,俨舆卒之异③官人者,坐之当中。众狼侧耳于其口傍,若密语俯听状。少顷,各跃起,将薪自下抽取,枝条几散溃矣。钱大骇呼救。

良久,适有樵伙闻声共喊而至,狼惊散去,而异来之兽独存,钱乃与各樵者谛视④之。类狼非狼,圆睛短颈,长喙⑤怒牙,后足长而软,不能起立,声若猿啼。钱曰:"噫!吾与汝素无仇,乃为狼军师谋主,欲伤我耶!"兽叩头哀嘶,若悔恨状。乃共挟至前村酒肆中,烹而食之。

【注解】

① 选自《随园随笔》,江苏广陵古籍刻印社 1991 年版。袁枚（1716—1797），字子才，号简斋，晚年自号仓山居士、随园主人、随园老人，钱塘（今浙江杭州）人，清代诗人、散文家。

② 麓：山脚。

③ 伛：伛然，很像。舆卒：轿夫。舁(yú)：抬。

④ 谛视：仔细地看。

⑤ 喙(huì)：嘴。

【译文】

　　有个姓钱的人，一天晚上从市集回来往家走，经过山间小路。忽然从旁边蹿出几十只狼，围上来要吃他。情急之下，姓钱的急中生智，看到路边有堆积很高的木柴，就赶紧爬上去躲起来。这些狼爬不上去，其中有几只马上跑掉了。没过多长时间，它们抬着一只野兽一起回来，野兽坐在中间，那情形就像轿夫抬着当官的一样。狼把耳朵凑在那野兽的嘴边，好像在听它密授机宜。过了一会，就各自跳起来，开始从下面抽出柴堆的柴，很快柴堆就要散了。姓钱的吓坏了，大声喊救命。

　　这时，正好有一群砍柴的人经过，听见他的叫声，就大喊着冲过来，把狼都吓跑了，只剩下被抬来的那只野兽，姓钱的和砍柴的都很奇怪，一起仔细地看它。这个野兽长得像狼但又不是狼，圆眼睛，短脖子，嘴很长，牙齿突出，后腿很长但是很软，不能站立，叫的声音像猿。姓钱的说："怪了，我跟你无冤无仇，为什么给狼出主意害我？"那野兽一边磕头一边哀伤地叫着，看上去特别后悔的样子。后来姓钱的和砍柴的一起把它拎到前面村子的酒馆里，做熟吃了。

阅读
点拨

　　本文场面描写紧张刺激，惊心动魄；全文层次清晰，含义深刻。具体表现在：一是通过对狼的动作的细致刻画，表现了狼凶狠、贪婪的本性，告诫人们对待像狼一样的坏人不能存有任何幻想，必须与之坚决斗争；二是文中描写了出谋划策的狼的帮手，那就是狼抬来的一只"类狼非狼"的兽，其结果被人"烹而食之"，告诉人们帮坏人做坏事，同样没有好下场。

丰乐亭记①

〔宋〕欧阳修

  修既治滁②之明年，夏，始饮滁水而甘。问诸滁人，得于州南百步之近。其上则丰山，耸然而特立；下则幽谷，窈然而深藏；中有清泉，滃然而仰出。俯仰左右，顾而乐之。于是疏泉凿石，辟地以为亭，而与滁人往游其间。

  滁于五代干戈之际，用武之地也。昔太祖皇帝，尝以周师破李景兵③十五万于清流山下，生擒其将皇甫晖、姚凤于滁东门之外，遂以平滁。修尝考其山川，按其图记，升高以望清流之关，欲求晖、凤就擒之所。而故老皆无在者，盖天下之平久矣。自唐失其政，海内分裂，豪杰并起而争，所在为敌国者，何可胜数。及宋受天命，圣人出而四海一。向之凭恃险阻，铲削消磨。百年之间，漠然徒见山高而水清。欲问其事，而遗老尽矣。今滁介江淮之间，舟车商贾，四方宾客之所不至；民生不见外事，而安于畎亩衣食，以乐生送死。而孰知上之功德，休养生息，涵煦④于百年之深也。

  修之来此，乐其地僻而事简，又爱其俗之安闲。既得斯泉于山谷之间，乃日与滁人仰而望山，俯而听泉。掇幽芳而荫乔木，风霜冰雪，刻露清秀，四时之景，无不可爱。又幸其民乐其岁物之丰成，而喜与予游也。因为本其山川，道其风俗之美，使民知所以安此丰

年之乐者，幸生无事之时也。夫宣上恩德，以与民共乐，刺史⑤之事
也。遂书以名其亭焉。

【注解】

① 选自《古文观止名篇赏析》，四川出版集团巴蜀书社 2012 年版。

② 滁：滁州，今安徽滁县。

③ 尝以周师破李景兵：公元 956 年，宋太祖赵匡胤为后周大将，他
率军在滁州西南的清流山击败南唐中主李璟的部队。

④ 涵煦：滋润教化。此指宋王朝功德无量，养育万物。

⑤ 刺史：本为汉代的州官，此代指宋朝的知州。

【译文】

　　我到滁州任知州的第二年夏天，才喝到滁县甘甜的泉水。向滁人询
问泉水的源头，原来是在州城南面不到百步的地方。它的上面是高耸的
丰山，下面是幽深的紫薇谷，中间有一股清泉，水势盛大，向上涌出。我
看看上下左右的景色，很喜欢这个地方。于是疏通泉眼，凿开石头，开辟
出一块地方建造亭子，与滁州人一道在这里游赏。

　　滁州在五代战争频繁的时候，是个用兵的地方。太祖皇帝曾经率领
后周的部队，在清流山打败南唐李璟的十五万军队，在滁州东门外活捉
他的大将皇甫晖、姚凤，于是平定了滁州。我曾经考察过滁州地区的山
水，依照它的图记，登上高地眺望清流关，想寻找皇甫晖、姚凤被捉的地
方。可是，当时亲历其事的人都不在世了，原来天下太平已经很久了啊。
自从唐朝丢失政权，天下分裂，英雄豪杰并起而相互争斗，互相对峙而成

为敌国的,数也数不清。等到宋朝承受天命,太祖出来才统一了天下。先前在战争中凭借险阻获势的国家,都被铲除消灭。百多年来平安无事,所见之景只有山峦高峻,流水清清;想询问当年的事情,那些经历过的老人却都已经不在世了。如今滁州处在长江、淮河之间,是乘船坐车的商人和四面八方的旅游者都少到的地方;百姓一生看不到外面发生的事情,安心地耕田种地、穿衣吃饭,无忧无虑地度过一生,谁又知道是皇上的功德,休养民力,增值人口,在百多年的时间里滋润养育着他们呢?

我来到这里,喜欢这里僻静而政事简明,又喜欢这里民风安闲。既然在山谷间找到了这口甘泉,就每天同滁人抬头仰望山景,低首听泉;春天采摘清香的花草,夏天在大树的浓荫下休息,而在秋天起风下霜、冬天结冰落雪的时候,那山形陡直显露,更觉得清爽秀丽。四季的景色,无一不令人觉得可爱。又因为这里的百姓也为年岁丰收而欢喜,愿意与我同游。我因而根据这里的山水,称说这里风俗的美好,使百姓懂得他们能够安适地享受这丰年的快乐,是因为幸运地生长在这太平无事的年代啊!宣扬皇上的恩德,跟百姓同享欢乐,是作为知州的职分,于是我写了这篇记,来为这座亭子命名。

阅读点拨

本文夹叙夹议,今昔对比,表达了作者真挚而深厚的感情。同时,他身为地方长官,能在百忙中"与滁人往游其间""日与滁人仰而望山,俯而听泉",充分体现了他"与民同乐"的思想。

喜 雨 亭 记①

〔宋〕苏 轼

亭以雨名，志喜也。古者有喜，则以名物，示不忘也。周公得禾，以名其书②；汉武得鼎，以名其年；叔孙胜狄，以名其子。其喜之大小不齐，其示不忘，一也。

予至扶风之明年，始治官舍。为亭于堂之北，而凿池其南，引流种树，以为休息之所。是岁之春，雨麦于岐山之阳，其占为有年③。既而弥月不雨，民方以为忧。越三月，乙卯乃雨，甲子又雨，民以为未足；丁卯大雨，三日乃止。官吏相与庆于庭，商贾相与歌于市，农夫相与忭于野。忧者以乐，病者以愈，而吾亭适成。

于是举酒于亭上以属客④，而告之曰："五日不雨可乎？"曰："五日不雨则无麦。""十日不雨可乎？"曰："十日不雨则无禾。""无麦无禾，岁且荐饥，狱讼繁兴而盗贼滋炽⑤。则吾与二三子，虽欲优游以乐于此亭，其可得耶？今天不遗斯民，始旱而赐之以雨，使吾与二三子，得相与优游而乐于此亭者，皆雨之赐也。其又可忘耶？"

既以名亭，又从而歌之，曰："使天而雨珠，寒者不得以为襦；使天而雨玉，饥者不得以为粟。一雨三日，伊谁之力？民曰太守，太守不有；归之天子，天子曰不然；归之造物，造物不自以为功；归之太空，太空冥冥，不可得而名。吾以名吾亭。"

【注解】

① 选自《古文观止译注》,上海古籍出版社 2010 年版。

② 周公得禾,以名其书:相传周成王的同母弟唐叔得一种生长奇异的禾,于是献给周成王,周成王又转送给周公,周公就撰写了《嘉禾》这篇文章。

③ 有年:丰收。

④ 属客:指斟酒给客人喝。

⑤ 滋:更加,增添。炽:盛。

【译文】

　　亭子用"雨"来命名,是为了记载当时下雨这一件喜事。古时的人有了喜事,就用它来给物取名,表示永不忘记。周公得了"嘉禾",用它作为他的书名;汉武帝得了鼎,用它作为他的年号;叔孙战胜了北狄,用北狄国君的名作为自己儿子的名。他们的喜事虽然大小不等,可是用它来表示永不忘记却是一致的。

　　我到扶风的第二年,开始修建官署。在厅堂北面建了个亭子,在南面开了个水池,引来了水,种上了树,当作休息的地方。这年春天,岐山南面下了麦雨,占卜说是个丰收年。接着,整整一个月没有下雨,老百姓正在因此担忧。过了三月,到四月初二日(乙卯)才下雨,四月十一日(甲子)又下了雨,老百姓觉得没有下够。四月十四日(丁卯)又下大雨,一连下了三天才停止。官吏们在厅堂上互相庆贺,商人们在街市上一起唱歌,农民们在田野上成群欢舞。担忧的人因此高兴起来,患病的人因此病情好转,我建的亭子也正好在这个时候落成。

于是在亭子里摆上酒席，向客人敬酒并告诉他们给亭子命名。我说："五天不下雨行吗？"客人说："五天不下雨就没有麦子。""十天不下雨行吗？"客人说："十天不下雨就没有稻谷。"我说："没有麦，没有稻，将会连年饥荒，诉讼案件就会接连发生，而且盗贼也会增多、猖獗。那么，我和你们几个人虽然想要悠闲自在地在这亭子里玩乐，那能做得到吗？现在老天没有遗忘这里的百姓，刚刚出现旱情就赐给了雨。使我和你们几个人能够悠闲自在地在这个亭子里玩乐的，都是雨的赐予啊！这又怎能忘记呢？"

已经用"雨"给亭子命名，接着又歌唱道："如果天上落下的是珍珠，寒冷的人不能用它做衣服；如果天上落下的是美玉，饥饿的人不能拿它当粮食。一连下了三天雨，这是谁的功劳呢？老百姓说是太守，太守认为没有这个功劳，归功于皇帝；皇帝说不是这样，归功于上天；上天不认为是自己的功劳，归功于太空；太空渺渺茫茫，不可能给他命名，我就用'喜雨'来叫我的亭子吧。"

阅读点拨

全文紧扣"喜雨"两个字来写。首先，叙说"喜雨亭"的命名，是沿袭"古者有喜，则以名物"的传统观念；其次，叙说久旱逢喜雨，上下庆贺的壮观场面；接着，叙说喜雨给农业生产、人民生活和社会治安带来的种种益处；最后，叙说用歌以"喜雨"命亭。文章多处使用排比句，首尾呼应，顺畅自然，笔调灵活，从多个角度把"喜""雨""亭"三层意思表现得淋漓尽致，充分体现了作者乐观向上的积极情绪和与民同乐的高尚情操。

我思我行

【理解感悟】

❀ 《田子造朝还金》在为人处世方面说明了什么道理？"田子惭愧走去，造朝还金"说明田子具有怎样的性格特点？

❀ 《喜雨亭记》紧扣"喜雨"两字来写，表现了作者怎样的思想感情？

【实践拓展】

❀ 《论语》中有不少谈论修身的语录，如"不义而富且贵，于我如浮云""三军可夺帅，匹夫不可夺志也"等，你还知道哪些？

❀ 请根据《丰乐亭记》第一自然段介绍的高山、幽谷、清泉等内容，画出一幅丰乐亭图。

【阅读延伸】

❀ 《道德经》(老子 著)

老子的《道德经》，是一本蕴含生命智慧、令人终身受益的思想之书。虽无心奢求成为圣人，但是学习生活中难免有压力、困惑、遗憾，读一读《道德经》，可以让心更加平和，让生活过得更舒心，让纷繁的世界看起来也变得简单和美丽。

传统文化知多少

1. 中国第一部诗歌总集：《诗经》。

2. 中国第一部词典：《尔雅》。

3. 中国第一部语录体著作：《论语》。

4. 中国第一部纪传体通史：《史记》。

5. 中国第一部编年体史书：《左传》。

6. 中国第一部断代体史书：《汉书》。

7. 中国第一部国别体史书：《国语》。

出版说明

　　"推动全民阅读，构建书香社会"已成为当前我国文化发展战略的重要组成部分，对建设社会主义文化强国，增强国家软实力和文化自信，实现中华民族伟大复兴的中国梦具有重要意义。为了落实中央的指示精神，助推全民阅读，满足广大中小学生的阅读需求，我们特组织编写了这套"全民阅读·阶梯文库"。

　　分级阅读是国际上比较流行的一种阅读理念，比如蓝思分级法、A~Z分级法等，我国古代也有"少不看《水浒》，老不看《三国》"之说。那么，怎样把合适的读物，在适当的时候，用适宜的方式推荐给适合的读者呢？这不仅需要社会责任感、理性公允心、文化担当与服务精神，也需要精准的辨识眼光与深厚的人文素养，因而也一直是我国教育出版界的"老大难"问题。这套"全民阅读·阶梯文库"就是我们对阶梯阅读所做的一个积极尝试。

　　本文库努力体现全民阅读理念，以培养现代公民综合素养为宗旨，为青少年打下"精神的底子"，系好人生的"第一粒纽扣"。文库按学前段、小学段、初中段和高中段进行编写，以各年龄段读者的心智特点与认知水平为划分依据，旨在体现阶梯阅读层级，激发阅读兴趣，养成阅读习惯，掌握阅读方法，丰富人文底蕴。 学前段突出亲子阅读与图画阅读，重在培养好奇心与亲切感；小学段体现以儿童文学为主的综合阅读，重在培养对汉语言文字的亲近感；初中段分传统文化、科普科幻和文学三个分卷，重在培养对传统文化和文学作品的理解欣赏能力，提升科学素养；高中段分传统文化与科普科幻两个分卷，重在培养理解分析能力以及质疑探究能力。

当前，中国特色社会主义已进入新时代。 作为教育出版工作者，我们无疑负有新时代文化传承与传播的神圣使命。 这套"全民阅读·阶梯文库"在内容选择、精准阐释与价值传播上都做了一些探索，希望通过阶梯阅读的形式，推动全民阅读，倡导经典阅读与有价值的阅读。

本套书选文的作者多数我们已取得联系，部分未能联系上的作者，我们已委托中国文字著作权协会代付稿酬，敬请这些作者通过以下联系方式领取稿酬：

联系电话：010‐65978905/06/16/17　转 836

本书编写组